从职场小白到笔杆子

徐融　著

中国纺织出版社有限公司

内 容 提 要

本书从公文的基本知识讲起，到法定15种公文及常用9类公文的特点和基本结构，逐步深入公文的版式处理技巧、正文的格式处理方法、如何进行正文的篇章排布和逻辑安排、如何打磨写法，并在介绍完每一种法定公文和常用公文的基本知识后，都配有相应的例文。本书贯穿公文写作的全流程，让读者不但可以系统地学习公文写作的全流程知识，而且能对可操作性的写作技巧有着更为深入的理解。

本书内容通俗易懂，案例丰富，实用性强，特别适合行政机关、企事业单位等初入职场从事公文写作的人阅读，也适合行政管理专业的大中专学生、从事公文写作培训者等其他写作爱好者阅读。另外，本书也适合作为相关培训机构的教材使用。

图书在版编目（CIP）数据

公文写作：从职场小白到笔杆子 / 徐融著. -- 北京：中国纺织出版社有限公司，2022.10
ISBN 978-7-5180-9757-9

Ⅰ. ①公… Ⅱ. ①徐… Ⅲ. ①公文—写作Ⅳ. ①C931.46

中国版本图书馆CIP数据核字（2022）第141502号

责任编辑：郝珊珊　　责任校对：高　涵　　责任印制：储志伟

中国纺织出版社有限公司出版发行
地址：北京市朝阳区百子湾东里A407号楼　邮政编码：100124
销售电话：010—67004422　传真：010—87155801
http://www.c-textilep.com
中国纺织出版社天猫旗舰店
官方微博 http://weibo.com/2119887771
鸿博睿特（天津）印刷科技有限公司印刷　各地新华书店经销
2022年10月第1版第1次印刷
开本：710×1000　1/16　印张：14.5
字数：186千字　定价：58.00元

前言

很多人都说，毕业后的第一份工作对人生的影响是很大的。2011年，我硕士毕业后参加工作，当时的第一份工作就是写公文，即参加会议后拟写会议纪要，初次接触完全没有头绪，又害怕有所遗漏，于是我就一边带着录音笔做会议录音，一边尽可能一字不漏地做会议记录，会后再反复听录音，对会议记录进行核对、完善，遇到听不懂的专业术语打电话请教同事，最后再归纳整理，形成一份完整的会议纪要。

万事开头难，刚开始写的时候费时费力，为了能尽快给领导提交会议纪要初稿，加班熬夜是常事。会议每周至少开1~2次，再加上报告、请示、函等各种各样的公文，就这样坚持写了四五年，慢慢地，我在接写作任务的时候，不再有如牛负重的感觉了。并且因为熟练度的提高，工作效率也更高了，也就可以释放出一部分的自由时间，工作上愈发得心应手。

我们都知道写作有很多好处，可以整理思绪、锻炼逻辑思维能力，写作中通过查阅资料时的深度思考，可以将碎片化的知识、经历用逻辑线串连起来，最终帮自己构建起一个逻辑清晰、条理分明的知识体系。尤其是很多人都认同“写作也是一个投资未来的过程”。写作的过程，就是输出的过程，为了有所输出，就必须有所输入。输出的压力倒逼着我们每天大量输入，最终都转化为自己沉甸甸的知识储备。

公文写作并不能等同于小说、散文稿等文学作品的写作，它的格式、表达和适用范围都是约定俗成的，如格式固定，表达限定，范围特定，这些是由公文的性质和功能决定的，公文是用来管理行政事务的载体，所以自然又加大了写作的难度。当前，很多懂业务的人并不擅长写公文，业务知识侃侃而谈、手到擒来，但是一说到写公文，就是眉头紧锁，四处求助，说："让我干别的可以，千万别让我写东西。"

其实，公文这种加了条条框框的写作文体，是在原本写作的基础上更加精进的过程，经过长期的锻炼，除了能收获写作技能外，还有更多的额外收获。

1. 同领导沟通的能力。写一篇公文至少要和领导有3次的深度沟通：第一次是在接到写作任务时，就要和领导做充分的沟通，明确写公文的目的、主要内容及领导交代的一些特殊要求，要沟通到位、记录在本；第二次是根据要求初步形成提纲后，和领导再次讨论确认提纲，明确写作重点；第三次是充分搜集资料，归纳整理，初稿完成并修改后，递交领导，接收领导反馈，对于其中没有达到领导要求的内容再次进行沟通，解读领导的思路，反复修改。本身公文拟写者也是领导的信任人员，在长期沟通的过程中，自然就慢慢地了解领导的性格和习惯，沟通也会越来越顺畅。增强自己的沟通能力，便于在工作迅速理解领导的要求，提升工作效率。

2. 厚积薄发的能力。要想写好公文，需要长期积累的内容有：词语辨析与用法、语句构成与表达、逻辑关系等。而且写公文的首要步骤就是大量搜集素材，写一篇公文要提前翻看20篇及以上的报告、纪要等资料，浏览资料的过程，无形中增加了自己对于很多专业工作的认知，是一个主动吸收知识的过程。主动吸收和长期积累，才能有关键时刻的轻松展示。

3. 抵御"时间黑洞"的侵蚀的能力。2021年，什么是时间黑洞？当然是短视频。2020年10月12日，中国网络视听节目服务协会发布的《2020中国网络视听发展研究报告》显示，截至当年6月，短视频以人均单日110分钟的使用时长超越了即时通讯。下班回家、休息时刻，很多人都是在刷短视频，一刷就是一晚上，时间白白浪费。但是长期从事公文写作的人，出于职业搜索资料的本能，业余时间更倾向于看新闻、读报纸，为第二天随时会出现的工作任务积累资料。一个长期读书看报听新闻的人和一个沉迷滑手机的人，经过3~5年的时间，差别就相去甚远了。重视知识积累的人，公文只会越写越好，越写越轻松。

4. 深刻理解和准确判断职场环境的能力。精通公文写作的人，看到一份文件，就能迅速判断出重点，找准切入点，把握着力点，因为写得多，见得更多，这些都能让人迅速判断一项政策的颁布、措施的制定，无论对单位还是个人，机遇在哪，着力点又在哪，是否具备优势、值得一搏，只有敏锐洞悉形势和环境，才能抓住机遇，迎来职业的转折点。

5. 打造良好职场形象的能力。公文的正规性使得公文写作呈现出高标准、严要求的特点，也将一个个坚持下来的公文写作者打造成精益求精的人，在日常写作中，不仅善于内容雕琢，也严于格式要求，精雕细琢出佳作，细微之处见匠心，自然给人留下良好的职业形象。

本书从公文写作最基本的知识讲起，涉及公文种类、写作要点、公文格式版式技巧、写作素材的处理、写作规范、写作方法、审核印发处理公文等内容，以全流程为逻辑主线，侧重于介绍写作技巧，通俗易懂、逻辑清晰。看完本书，您能基本掌握公文写作的精髓和全流程，照着书中的方法操作，您会感受到：原来写公文并不难!

本书共六章，各章的主要内容如下。

第1章主要讲常用公文的种类与写作要点，15种法定公文和10种常用公文的含义、特点及篇章结构，能学习到每一种公文包含哪些要素，如何进行结构布局。

第2章主要讲公文的格式要求，列举了格式上的一些常见的错误，并指出了相应的处理办法。

第3章主要讲公文的写作素材来源，如何利用素材，以及在平时如何积累素材。

第4章主要讲公文的语言规范，包括语言逻辑要求、语言处理规则，指出了语言处理时常见的一些错误，并提出了解决办法。

第5章主要讲公文写作方法，从篇章结构和逻辑主线两个方面，即公文的内外两种形式来阐述写作方法，并讲解了常用的开头结尾的写作方案及如何进行写作积累。

第6章主要讲公文的处理，即公文的审核、发文和收文的具体流程。

徐融

2022年6月

目录

第1章 常用公文的种类与写作要点

1.1 公文的基本知识

1.1.1 公文的含义

公文，顾名思义，就是公务文书，是法定机关或其他社会组织用来管理公务活动的具有规范性和法律效力的文体。公文属于应用文的一种，它是以文字的形式来达到传达政令、协调关系、管理事务等目的。

中华人民共和国中央人民政府2013年发布的《党政机关公文处理工作条例》明确指出：党政机关公文是党政机关实施领导、履行职能、处理公务的具有特定效力和规范体式的文书，是传达贯彻党和国家方针政策，公布法规和规章，指导、布置和商洽工作，请示和答复问题，报告、通报和交流情况等的重要工具。

公文，作为具有法定效力和规范体式的文书，不仅适用于党政机关，也可用于企事业单位，是一种具有特定效率的重要的管理工具。本书中的公文，既有党政机关法定的公文，也包括企业、事业单位中的常用公文，具有较为广泛的适用性。

对于企业来说，综合行政部门是连接企业内外的纽带，也是企业领导制定有关决策以及作出有关规划的参谋，更是企业公文的重要产出机构。综合管理部门要发挥职能效用的有效载体，传达政策，发布规章制度以及有效地落实行政管理，则很大程度上依赖于公文的管理。

鉴于公文管理工作对企业的发展和整体建设的重大影响，所以，每一个职场中公文写作者必须要充分认识到公文写作的重要性，立足实际，练好自身“写作”本领，既能为自身职业生涯增添动力，也能为企业可持续性发展提供助力。

1.1.2 公文的分类

从不同的角度，依照不同的标准，可以对公文进行不同的种类划分。

（1）按公文的行文关系，可划分为上行文、下行文和平行文三种。

上行文是指下级机关向上级机关报送的行文，如请示、报告等。下行文是指上级机关向所属下级机关传达的行文，如通知、通报、决定、意见、批复等。平行文是指同级机关或不相隶属（没有领导或业务指导关系）机关之间相互沟通的行文，如函等。

（2）按公文的涉密程度，可划分为绝密、机密、秘密三种。

根据《中华人民共和国保守国家秘密法》相关规定，绝密公文是涉及最重要的国家核心秘密的公文，一旦泄密会使国家的安全和利益遭受严重的损害。机密公文是涉及重要的国家秘密的公文，一旦泄密会使国家的安全和利益遭受较大损害。秘密公文是涉及一般的国家秘密的公文，一旦泄密会使国家的安全和利益遭受一定损害。普通公文通常不涉及秘密等级划分。

（3）按公文的紧急程度，可划分为特急件、急件、平件三种。

特急件是内容重要并特别紧急，需要立即优先迅速传递处理的公文。急件是要在确定的时间内传递和处理的公文。平件是没有时限要求的公文。

（4）按公文的性质和作用，可划分为指令性公文、报请性公文、知照性公文、规定性公文、商洽性公文和记录性公文等。

指令性公文是上级对下级的工作开展或重要事项作出安排的公文，如命令、决定、意见、批复等。报请性公文是指下级向上级机关汇报工作情况、请求指示批准的公文，如报告、请示及求批函等。知照性公文是指发布周知事项的公文，如通知、通报、公告、通告等。规定性公文是指用于发布规章制度的公文，如条例、规定等。商洽性公文是指不相隶属机关之间商洽工作的公文，如函。记录性公文是记载传达会议精神的公文，如会议纪要。

（5）根据《党政机关公文处理工作条例》，按照公文的功用，可将其划分为15种，即决议、决定、命令（令）、公报、公告、通告、意见、通知、通报、报告、请示、批复、议案、函、纪要。

1.1.3　公文的特点

公文具有以下特点。

政治性

因为公文有着传达党和国家政策方针、管理法定机关公务的重要职能，所以公文的内容与党和国家的政策密切相关，由此决定了它必然具有政治性的特点。

权威性

公文是由法定机关拟制和发布的，即公文的制发机关是权威的。公文内容坚持实事求是的原则，材料、观点和内容具有可靠性和正确性。公文都是因其特定目的而发，旨在一定的时间和空间范围内，对受文者的行为产生强制性的影响，因而具有权威性。

严肃性

公文的政治性和权威性决定了它的严肃性，公文的拟制和印发都是一个非常严肃的过程。公文的拟制是专业文秘人员按照领导的授意，根据党和国家的路线、方针和政策，结合实际情况，针对需要解决的问题而撰写的。公文的印发须拟稿后，再经过审稿、核稿、会签、签发等程序才能发文，每一步骤都需要由责任人审批执行。最终，一篇公文的印发是履行一系列审批流程的结果。

时效性

公文要求较强的时效性，因为其目的性故要求尽快印发，及早产生效用，以实现发文的目的，同时公文的内容是与现实紧密相关的，能够体现出时代的特色。

规范性

公文的规范性体现在公文内容和格式上的要求。公文内容的规范体现在文体的严格区分，《党政机关公文处理工作条例》把公文分为15种，并要求在公务管理时须根据不同的需要来使用不同的公文文种。公文格式的规范体现在版式方面的统一要求，我们将在第2章中详细讲述公文的版式要求。

1.1.4 公文的作用

为什么公文的使用这么广泛呢？因为通过公文，我们可以以正式的文件形式，来调动工作所需的资源，使得组织资源得以整合，提高组织办事的效率。职场打拼多年的人都知道，听到别人传的一句话和收到一份文件，重要性和严肃性是无法相提并论的，这也印证了那一句俗语“口说无凭，立据为证”。为了充分发挥公文的管理作用，在一些处理协调的公文中，也会有时间的限制，例如，“在某月某日前提交方案”“整理2017—2019年的企业销售数据”等，都很好地满足了企业在日常管理中的要求。总的来说，公文有以下作用。

（1）上传下达作用。

这是公文最基本的作用。“上传”体现在下级向上级汇报工作、请示事项、反映问题、寻求意见等，通常采用上行文来实现这一目的。“下达”则体现在上级向下级传达政策、部署工作、提出要求、通报情况、答复问题等，通常采用下行文来实现这一目的。

（2）行为规范作用。

这是公文最重要的功能，党政机关、企事业单位在日常的事务管理活动中最常使用的就是公文，如通知、章程、条例、规定等，使得事务管理正式正规。

（3）宣传教育作用。

在传达和贯彻党和国家的方针政策时，必须以公文的形式来将政策的制定目的、意义、要求等加以明确，再辅之以具体的措施和方案，以推动政策的落地实施，自然而然、自上而下就起到了宣传教育的作用。还有在表彰先进、批评错误的通报中，进一步明确哪些美德值得提倡，哪些错误坚决遏制，也可以

起到宣传教育的作用。

（4）联系协商作用。

同级或不相隶属机关之间可以通过公文相互商洽工作，交流信息，沟通联系，既保障了事务沟通的有效性，又为彼此工作事务管理提供了良好的决策依据。

1.2　法定公文的写作要点

1.2.1　决议

《党政机关公文处理工作条例》明确："决议，适用于公议讨论通过的重大决策事项。"

决议，是发布经过会议讨论通过并要求贯彻执行的重要决策事项时使用的文件。

决议的特点

决议的特点是讨论性、表决性和正式性。讨论性，即决议的议题必须经会议进行集体讨论，而不是某个人的提议或建议。表决性，即议题讨论的结果，必须由其表决权的多数参会人员表决通过，而不是只有少数人员表决通过就形成决议。正式性，表决通过的议题讨论结果，须形成正式文件，并以会议名义在一定范围内公布。

决议的分类

按照决议的功能，划分为公布性决议、批准性决议和阐述性决议三种。公布性决议是为公布某种法规、提案而写的决议。批准性决议，是为肯定或否定某种议案的决议。阐述性决议，是对某些重大结论的具体内容加以展开阐述的决议。

决议的结构

决议的结构一般包括标题、正文和落款三部分。

（1）标题。

决议的标题一般有三种写法。

第一种是由会议名称、事由、文种构成，如《第十三届全国人民代表大会第四次会议关于国民经济和社会发展第十四个五年规划和2035年远景目标纲要的决议》，并要在标题下注明作出此决议的时间、何种会议通过，如××××年××月××日，第十三届全国人民代表大会第四次会议通过。

第二种是由发文机关、主要内容、文种构成，如《××市人民代表大会常务委员会关于批准2021年××市收支预算调整方案的决议》。

第三种是省略发文机关，由主要内容和文种构成，如《关于召开××公司第×届职工大表大会第×次会议的决议》。

（2）正文。

正文包括决议引据、决议事项、决议号召三部分。

决议依据，是要写明通过此决议的依据或原因。

决议事项，是要写明此决议通过了什么事，一般要回顾和总结前一时期在这方面的工作情况、经验教训，以及对今后这方面工作的基本部署和要求等。

决议号召，是要提出对此决议所决定事项的鼓动性号召以提振士气，促进决议精神的贯彻落实。

写作决议应当注意的问题：

一是要正确运用决议文种，只有经过会议讨论并通过的重要文件或事项，才可以使用决议文种，凡未经会议讨论或虽经会议讨论但未获得通过的，甚至个人决定的文件或事项，均不可使用决议文种。

二是决议的内容要详略得当，行文要层次分明。

三是选词用语要恰当、概括、凝练，要讲究语言的运用和文字的推敲。

（3）落款。

在正文右下方写上决议组织名称以及发文日期，并加盖印章。

例文：

××公司第×届职工代表大会

关于通过《××××年职工薪资结构调整方案（草案）》的决议

我公司第×届职工代表大会于××××年××月××日顺利召开。会议应到职工代表××人，实到代表××人，超过全体代表的三分之二。我公司工会领导、劳动模范、民主党派主要负责人、离退休职工代表，各部门主要负责人等应邀列席了会议。

全体与会人员认真听取了《××××年职工薪资结构调整方案（草案）》以及协商过程的说明，一致认为：《方案》符合企业实际，确保了职工工资收入与企业效益协调增长，维护了职工的合法权益，促进了劳动关系的和谐稳定，推动了企业健康发展。经会议无记名投票表决，××票同意，×票不同意，×票放弃，故《××××年职工薪资结构调整方案（草案）》获得全票通过。

大会要求全体代表以主人翁态度，做好《××××年职工薪资结构调整方案（草案）》实施中的宣传工作和职工思想工作。

××公司工会委员会（盖章）

××××年××月××日

1.2.2　决定

《党政机关公文处理工作条例》明确："决定，适用于对重要事项作出决定和部署、奖惩有关单位及人员、变更或者撤销下级机关不适当的决定事项。"所以，决定是对重要问题或重大行动作出安排及决策时使用的文种。

决定的特点

决定的特点是强制性、指导性和具体性。强制性，体现出决定是发文机关对重要事项或重大行动的指挥和处置意图，要求下级单位无条件执行，所以，决定的强制性和权威性虽没有命令那么严格，但比其他公文都要强，有些决定还有法规作用，在某些方面，决定往往是法规的延伸和补充，具有较大的强制性和行政约束力。指导性，体现出决定是上级单位对重要事项或重大行动做出安排，对下级单位具有指导性。具体性，是决定在对重要事项或重要行动进行决策时，同时也会提出工作任务、具体措施和实施方案。

决定的分类

根据用途和内容的不同，划分为知照性决定和指挥性决定两类。

（1）知照性决定。

知照性决定，是指将决定事项知照给有关单位和人员的决定，如表彰决定、处分决定、机构设置决定、人事安排决定、发布法规性事项或对某一具体事项做出安排的决定等，如《××公司关于表彰××××年度先进集体和先进个人的决定》。

（2）指挥性决定。

指挥性决定，是对于重要事项或者重大行动做出安排的决定。常见的有规定性决定、规范性决定、指导性决定、指示性决定、具有法令性质的决定、处理重大问题的决定和安排重要行动的决定等，如《国务院关于修改部分行政法规的决定》。

决定与决议的异同

决定与决议的相同点是：

都能反映重大的事件或重要的问题，都具有较强的法规性。

决定与决议的不同点是：

一是决定既可以由法定的会议讨论通过后公布，也可以由领导机关直接形成后公布，而决议只能由法定的会议讨论，并按照少数服从多数的原则表决通过形成文件后，以会议的名义公布。

二是决定有的要求下级执行，有的则只起知照作用，并不要求执行，而决议则要求下级必须执行。

三是决定一般适用于具体的规定和要求行使法定权力，而决议用于表示肯定或否定的意见，履行法律程序。

四是决定写法上多是着重提出要求和措施，行文要具体、明确，而不注重理论上的解释，而决议一般要对有关问题作理论上的阐述。

决定的结构

决定的结构一般是由标题、正文和落款三部分组成。

（1）标题。

标题一般由发文机关、决定的事项、文种构成，如《中国共产党×××党支部关于×××的决定》，并在标题下注明作出决定的具体日期。

（2）正文。

正文包括决定缘由和决定事项。

决定缘由，即要写明对某一重要问题或重大活动作出决定的原因或依据，写法上要开门见山、简明扼要。

决定事项，要写明决定的内容，即决定了什么就写什么，语言文字要准确，切忌模棱两可、含糊其词。一般在正文的最后还要简短地写上一些号召性的内容。

（3）落款。

在正文右下方写上发文机关及发文日期，并加盖印章。

例文：

关于××生产车间“3·26”生产事故的处理决定

各部门：

××××年××月××日下午××时××分左右……（简述事件过程）

××××年××月××日，我公司组成事故调查组，通过勘查现场、查阅资料、询问相关人员等方式对本起事故进行了调查。

一、事故经过

（详述事故过程）

二、事故类别及性质

根据我公司相关规定和调查分析，认定本起事故为……责任事故。

三、事故原因

（一）直接原因

……

（二）间接原因

生产车间人员岗前安全培训管理不到位。

组织管理不到位，造成员工对安全风险辨识不足，防范措施不到位。

生产设备安全管理不到位，存在维护保养、安全机件检查监管不到位、基础资料不完善等问题。

公司安全管理部安全监管不到位。

公司安全管理部安全教育培训普及不到位。

四、事故责任划分及处理决定

（一）生产车间相关人员

……

（二）公司相关部门相关人员

……

五、防范措施

1. 各部门、生产车间要深刻吸取此次事故教训，认真组织开展全面系统的安全专项检查。

2. 加强行车安全管理，严格排查，严禁××等违规行为，做好安全检查。

3. 强化对员工的安全教育培训。严格落实“三级”培训制度，特别是对重点、特殊岗位员工按照规定组织培训、取证，合格后方可上岗。

4. 制订维护保养计划，定期保养、维护，并做好相关记录。加强设备升级改造更新管理，安装必要的运行安全监控设备，确保运行安全。

5. 要强化安全管理，全面落实安全管理主体责任，完善项目安全管理机

制，确保安全管控到位。

6. 加强领导值带班管理，严格履行相关安全职责，强化对作业现场的安全监管，及时发现并消除安全隐患，保障作业安全。

7. 高度关注特殊时段，特别是交接班、节假日等特殊时期的安全管理。

另外，要高度重视重点区域、重点工程等特殊环节，以及人员、时段和环境发生变化期间的安全管理，加强措施制订、执行等过程管控，用好“两个清单”，确保安全。

××公司（盖章）

××××年××月××日

1.2.3　命令

《党政机关公文处理工作条例》明确：“命令，适用于公布行政法规和规章、宣布施行重大强制性措施、批准授予和晋升衔级、嘉奖有关单位和人员。”由此可见，命令是法定的领导机关或领导人对下级发布的一种具有强制执行效力的指挥性公文。

命令的特点

命令的特点是权威性、限发性和时效性。权威性，它是公文中最具有权威性和强制性的文种，一经发出，其下级机关必须坚决遵照执行。限发性，根据《中华人民共和国宪法》的规定，中华人民共和国主席、中华人民共和国全国人民代表大会常务委员会委员长、国务院、国务院所属各部部长、各委员会主任以及各级人民政府及其他法定机关和人员，才有发布命令的职权。时效性，公布性命令，均标明实施时间，针对特殊且重大的事项而采取强制性行政措施时发布命令，一旦完成任务命令自动失效。

命令的分类

根据用途的不同，命令可以划分为公布令、行政令、嘉奖令、任免令等。

（1）公布令。

公布令，用来发布法规、规章、规定、办法等，如《中华人民共和国主席令》《中华人民共和国国务院令》。

（2）行政令。

行政令，用来戒严、动员、通缉等，如《中华人民共和国国务院关于在××市××区实施戒严的命令》。

（3）嘉奖令。

嘉奖令，用来对个人、集体取得重大功绩进行公开表彰，如《关于给中国共产党成立100周年维稳参战单位及全体民警辅警的嘉奖令》。

（4）任免令。

任免令，用来任免职务，如《××省人民政府关于××等五人任职的命令》。

命令的结构

命令的结构包括标题、正文、落款三部分。

（1）标题。

标题的写作方法通常有三种。

第一种由发文机关、事由、文种构成，如《国务院、中央军委关于授予钱学森同志国家杰出贡献科学家荣誉称号的命令》。

第二种是省略发文事由，只有发文机关和文种，如《中华人民共和国国务院令》。

第三种是发文机关及其负责人职务名称、文种构成的标题，如《中华人民共和国主席令》。

（2）正文。

正文由发令原因、命令事项、执行要求组成。

发令原因，是说明为什么要发布命令。

命令事项，有的命令可以用简单一句话或几句话就说明清楚，如任免令。有的命令则需要分段或用分条列项式的格式，来表述命令下级所属机关所要执行和遵守的事项，如行政令。

执行要求，发布令常写“从××××年××月××日起施行”，行政令常用“以上各项，希遵照执行”。

（3）落款。

落款由发文机关名称、签署人姓名以及发文日期组成，并加盖印章。

1.2.4 公报

《党政机关公文处理工作条例》明确：“公报，适用于公布重要决定或者重大事项。”公报一般适用于国家、政府、政党、团体或其领导人发表关于重大事件、会议经过和决议等，也有以会议的名义发表的公报，关于会议会谈进展、经过，或就某些问题达成协议的正式文件，称“公报”“联合公报”或“新闻公报”。有时，其中包含有关于这些国家间相互权利和义务的协议，具有条约的性质。由一国政府编印的专门登载法律、法令、决议、命令、条约、协定或其他官方文件的刊物，有时也称“公报”。

公报的特点

公报的特点是权威性、指导性和新闻性。权威性，是指公报的发文机关是国家机关，具有较高的权威性。指导性，是指公报的内容都是宣布重大决策、重大事项等，这些内容对下级的落实执行具有较强的指导性。新闻性，是指公报发布的内容是最近一段时期内所有政策、法规等事项的集合，具有向社会公布功能的新闻属性。

公报的分类

根据公报的用途，分为会议公报、事项公报和联合公报三种。

（1）会议公报。

会议公报是用以报道重要会议或会谈的决定和情报的公报。这种公报一般用于党中央召开的会议。

（2）事项公报。

事项公报是党的高级领导机关用以发布重大情况、重要事件的文件。高层行政机关、部门向人民群众公布重大决策、重要事项或重大措施时有时也会沿用此类公报。

（3）联合公报。

联合公报是一种特殊用途的公报，用以发布国家之间、政党之间、团体之间经过会议达成的某种协议，如《中俄联合公报》。

公报和公告的异同

公告与公报的相同点：

都是由一级领导机关或授权机关使用，都是用于向国内外发布重大事项的文种，并且两者的发布内容都非常重要。

公告与公报的不同点：

一是内容不同。公告用于宣布重大事项或法定事项，其内容一般比较简单，篇幅较短。公报用于发布会议情况、谈判情况、统计情况等，其内容比较详细具体，要写出具体事件，决定的背景、要点，提出要求，发出号召等。

二是语言表达方式不同。公告告知的事项内容单一，篇幅短小，语言简练，开门见山，直述意向，不加议论，严肃庄重。公报结构严谨，层次清晰，语气既庄重又热烈，感情色彩较为浓重。

三是格式不同。公告的标题下可以用编号，而公报没有，一般采用题注形式。

四是发布机关不同。党的领导机关多用公报，行政机关多用公告。

公报的结构

公报的结构一般包括首部、正文和尾部三部分。

（1）首部。

公报的首部，包括标题和成文时间。

公报的标题常见的有三种形式：

第一种是直接写文种，如《新闻公报》。

第二种是由会议名称和文种构成，如《中国共产党第十九届中央委员会第五次全体会议公报》。

第三种是联合公报，由发表公报的双方或多方国家的简称、事由、文种构成，如1978年12月16日中美两国发表的《中华人民共和国和美利坚合众国关于建立外交关系的联合公报》。

成文时间。用括号在标题之下正中位置注明公报发布的年、月、日。

（2）正文。

公报的正文，一般包括开头、主体两部分。

开头，即前言。事件性公报要求用最鲜明、最精练的语言概述事件的核心内容，即何时、何地、发生了什么重大事件。会议性公报要求概述会议的名称、时间、地点、参加人员等。联合公报要求概述公报的来由，即在何时、何地、谁与谁举行了什么会谈或谁对谁进行了什么性质的访问等。

主体，是公报的核心内容，要求把公报的内容完整、系统、有序地表达清楚。常见的有三种写作方式：

第一种是分段式，即每段说明一层意思或一项决定。

第二种是序号式，多用于内容复杂、问题较多的公报。

第三种是条款式，多用于联合公报。

（3）尾部。

事件性公报和会议性公报一般没有尾部，联合公报要在正文之后写明双方签署人的身份、姓名、日期、并写明签署地点。

1.2.5　公告

《党政机关公文处理工作条例》中明确："公告，适用于向国内外宣布重要事项或者法定事项。"可以看出，公告的明显特征是：一是发布范围很广，面向国内外；二是虽是法定事项或重大事项，但没有强制执行性。

公告的特点

公告的特点是严肃性、广泛性和新闻性。严肃性，公告的内容因其是重大事项，所以必须考虑到国内国际的影响，内容要严肃庄重。广泛性，是指告知的范围广泛，可以是国内外。新闻性，公告的内容都是关于最近发生的公众应知而未知的事项做出的公告，并且公告的发布不需要用红头文件印发，而是直接在报刊上刊登。

公告的分类

根据公告的内容，划分为重要事项公告和法定事项公告。

（1）重要事项公告。

重要事项公告，是指受国内外普遍关注，具有极大影响的事项，包括：颁布国家法律、法令、地方性法规；宣布国家领导人选举结果；公布国家领导人出访或者外国领导人来访；答谢外国政府；政党及著名人士对我国重大政治活动和重大庆典的祝贺；公布国家重要统计数据；宣布发射洲际导弹的消息；宣布涉外经济合作的重要决定等。如《中国人大常务委员会关于人大代表资格的公告》。

（2）法定事项公告。

法定事项公告，是指根据法律规定必须使用公告发布的事项。如《中华人民共和国专利法》规定，确认发明专利的，要进行公告；《中华人民共和国企业破产法（试行）》规定人民法院受理破产案件后，应发布公告；《中华人民共和国民事诉讼法》规定需要公告的事项，包括权利人登记公告、送达公告、开庭公告、宣告失踪公告、宣告死亡公告、财产认领公告、强制迁出房屋公告、强制退出土地公告等。

公告和通告的异同

公告和通告的相同点是：

都是以特定方式向公众发布信息，受众都是广大人民群众。

公告和通告的不同点是：

一是告知事项的重要性不同。公告告知的事项是法定事项或重要事项，而通告所涉及的事项远远没有公告那么重大，它所宣布的只是一些一般性事项，要求遵守或周知。

二是告知的范围不同。公告适用范围是国内外，通告则只是在一定范围内，一般适用于国内一个城市以内或者更小的范围，可见公告的范围更广。

三是制发机关不同。公告发布的是重要事项和法定事项，严肃性强，且告知的范围非常广泛，所以公告对制发机关有很高的要求，一般是由国家机关领导人名义或授权机关才可以制发，而通告涉及社会生活中的方方面面，故对制发机关无特别要求，既可以是国家机关，也可以是基层企事业单位。

公告的结构

公告的结构主要分为标题、正文和落款三部分。

（1）标题。

公告的标题有三种写法。

第一种是由发文机关、事由和文种三部分构成，如《××市科学技术展览馆临时闭馆公告》。

第二种是由发文机关和文种两部分构成，如《国务院公告》。

第三种是由事由和文种两部分构成，如《××××年国家公务员考试公告》《破产公告》《清算公告》等。

公告一般不写发文字号，除了对某一专门事项需要连续发布几个公告时，才会标明发文字号。一般在标题下正中位置写“发文机关+文种+第×号”，如“××市政府公告第1号”。

公告和通告均不写主送机关，因为受文对象主要是面向公众。

（2）正文。

公告的正文部分由引言、正文和结语三部分构成。

引言，主要写发布公告的缘由，即根据、目的、意义等。有的公告可以没有引言，开篇直接入题。

正文，主要集中写公告事项有哪些，一般是一文一事，只限于宣布事件的内容。

结语可以不写，也可用“特此公告”作结尾。

（3）落款。

正文右下方写上发文机关署名和发文日期。有的公告发文日期也可以写在标题和发文字号之间。

例文：

教育部办公厅关于取消相关事项证明的公告

教政法厅〔2016〕2号

为深入推进简政放权、放管结合、优化服务改革，进一步落实好《国务院办公厅关于简化优化公共服务流程方便基层群众办事创业的通知》（国办发〔2015〕86号）要求，结合教育工作实际，现对部机关和直属事业单位的相关事项，公告取消以下证明：

一、在因教师资格证遗失的补发申请中，取消《教育部关于印发〈教师资格证书管理规定〉的通知》（教人〔2001〕6号）中规定的由“持证人在公开发行的报刊上刊登遗失声明”的证明。

二、在国家公派出国留学人员申请延期回国手续中，取消公派出国留学人员的存款证明。

三、在境外学历学位认证中，国外院校成绩单不再作为必须材料，并取消以下证明：

1. 取消转学分学习经历证明。

2. 取消学信网学籍注册证明材料。

3. 对申请港澳地区学历认证的申请人，取消港澳地区出入境记录证明。

4. 对在中外合作办学机构获取外方证书的申请人，取消合作办学中方学校开具的学习经历证明。

5. 对留学期间在国内有实习经历的申请人，取消实习证明。

6. 对俄罗斯及古巴奖学金项目留学人员，取消预科证明及录取通知书。

7. 对欧洲部分国家留学的认证申请人，取消留学期间的居留卡及其他留学期间居留证明。

本公告自发布之日起生效。公告之前，相关事项按照原规定执行。

教育部办公厅（盖章）

2016年7月11日

1.2.6　通告

《党政机关公文处理工作条例》中明确："通告，适用于在一定范围内公布应当遵守或者周知的事项。"可以看出，通告满足两项要点：一是在一定范围内具有告知性；二是具有强制执行性，要求人们遵守或周知。如行政部门宣布需要遵守公共管理方面的事项，职能部门宣布的业务性事项等，一般比较具体，较为常见的通告有：供水电部门告知某时间段停水停电的通告；交通部门告知交通管制的通告；机动车管理部门关于机动车限行的通告等。

通告的特点

通告的特点是公开性、广泛性和告知性。公开性，是由于向公众宣布一般性事项，所以通告一般不涉及保密。广泛性，是通告可用于社会生活的方方面面，包括国家机关、企事业单位甚至街道办，出于不同的管理需要，都可以制发通告。告知性，是为了让公众易于周知理解并执行，通告的语言表达要通俗易懂。

通告的分类

根据不同的用途，划分为周知性通告和行止性通告两种。

（1）周知性通告。

周知性通告，是制发单位在本单位职权范围内，公布需要周知或办理的事项，如《关于撤销××项目工程建设指挥部的通告》。

（2）行止性通告。

行止性通告，是制发单位在本单位职权范围内，对某些事项作出规定或限制，令行禁止，具有很强的约束力。如《关于禁止燃放烟花爆竹的通告》《关于疫情防控期间社区（村）居民试行封闭式管理的通告》。

通告的结构

通告的结构主要分为标题、正文和落款三个部分。

（1）标题。

通告的标题有四种写法。

第一种是由发文机关、事由和文种三部分构成，如《××市关于春节期间禁放烟花爆竹的通告》。

第二种是由发文机关和文种两部分构成，如《××市人民政府通告》。

第三种是由事由和文种两部分构成，如《上海路交通管制通告》。

第四种是单独由文种名作标题，如《通告》。

因为通告的受文对象主要是面向公众，所以不写主送机关。

（2）正文。

通告的正文由引言、通告事项和结语三部分构成。

引言，是说明发通告的原因和目的。一般是在引言后用“特通告如下：”来引出通告事项。

通告事项，是写明需要执行的要求和措施，如执行时间、执行范围、执行程度等。说明通告事项时，要分条分项写出，做到层次分明、条理清晰，避免主次不分、内容混乱，不利于公众准确理解通告发布的精神实质，从而难以保障执行及时。

结语，一般以“特此通告”结尾。

（3）落款。

正文的右下方写上发文机关的署名和发文时间，并加盖公章。

例文：

交通管制通告

因G101线海河大桥维修加固施工需要，为保障道路交通有序、安全、畅通，根据《中华人民共和国道路交通安全法》第三十九条规定，决定从××××年××月××日至施工结束（工期约90天），对海河大桥实行交通管制，禁止一切车辆和行人通行。施工交通管制期间可由以下路线绕行：

1. 海河西路—海河东路—平南路—滨江路。

2. 河西路—京滨高速—104国道。

请广大市民提前安排好出行线路，按照交通指挥人员指挥和交通标志、标线指示有序通行。

特此通告

××市公安局（盖章）

××××年××月××日

1.2.7　意见

《党政机关公文处理工作条例》明确："意见，适用于对重要问题提出见解和处理办法。"由此可见，意见需要满足两个条件：一是针对的是重要问题；二是必须提出见解和处理办法，也就是可以贯彻执行的措施。

意见的特点

（1）行文方向上的多向性。

一般来说，公文的行文方向是固定的，根据"意见"不同，其行文方向有上行、下行、平行三种划分。《国务院办公厅关于实施〈国家行政机关公文处理办法〉涉及的几个具体问题的处理意见》（国办函〔2001〕1号）明确指出："'意见'可以用于上行文、下行文和平行文。作为上行文，应按请示性公文的程序和要求办理。上级机关应当对下级机关报送的‘意见’作出处理或给予答复。作为下行文，文中对贯彻执行有明确要求的，下级机关应遵照执行；无明确要求的，下级机关可参照执行。作为平行文，提出的意见供对方参考。”

（2）作用上的多用性。

一是建议、参考。作为上行、平行的“意见”，是以下级、参谋的身份，对重要问题提出见解，并提出办法、措施，目的在于提供决策参考。

二是指导、规范，作为下行的“意见”，并不是对下级发指示、下命令，而是要突出协商的态度、缓和的语气，内容上注重原则性与灵活性、规定性和变通性的结合，对下级进行指导规范。

意见的分类

根据性质和用途的不同，意见可划分为指导性意见和建议性意见两类。

（1）指导性意见。

指导性意见，是用于布置工作的下行文。此类意见“一般由上级机关发出，对下级的工作提出要求，并成为下级工作的依据，对下级工作具有指导性作用，具有标准法规的效力，下级必须遵照执行”。

《国家行政机关公文处理办法》（2002版）明确：“有时布置、部署工作可用‘意见’文种行文。”它同指示、命令、决定、通知等文种一样，具有政策性、原则性、针对性的特点，对下级机关有一定的规范作用和行政约束力，但它更突出指导性，允许下级机关在“意见”的原则指导下，根据各自的实际情况，采取具体办法予以实施，减少指示、命令、决定的权威性、严肃性，给下级机关留有更多的因地制宜、灵活掌握的创造性余地。

（2）建议性意见。

建议性意见可以是上行文，也可以是平行文。上行的建议性意见，是按请示性公文的程序和要求向上级机关提出工作建议、设想。平行的建议性意见，是就某项具体的工作向平级机关或不相隶属机关提出参考意见。

根据行文目的和要求的不同，建议性意见又可分为：呈送类意见和呈转类意见。

呈送类意见，是向上级机关或不相隶属的部门提出某方面工作的建议、意见，以供上级机关或不相隶属的部门决策时参考。它可以是上行文，也可以是平行文。

呈转类意见，是下级机关就开展和推动某方面工作提出初步设想和打算，呈送上级机关审定后，由上级机关批转有关部门执行的上行文。

意见的结构

意见的结构主要分为标题、正文和落款三部分。

（1）标题。

意见的标题有两种方式。

第一种是完全式标题，也是最常用的方式，由发文机关、事由和文种构成，如《中共中央国务院关于进一步深化电力体制改革的若干意见》。

第二种是省略发文机关名称，只标明事由和文种，如《关于深化国有企业改革的指导意见》。

（2）正文。

正文可分为开头、主体和结尾三部分。

开头，说明发文目的、依据和背景。开头的最后一句通常是承上启下的过渡句，一般用“……特提出如下意见”“现就……问题提出如下意见”等引出主体内容。

主体，是要提出完成工作的目标任务、基本要求、具体措施及实施步骤，或者建议事项、见解看法等。写作时根据意见种类和写作目的的不同而有所侧重。这部分既要交代政策，讲明道理，又要便于操作和监督，写法上大多采用条文形式。

结尾，一般采用习惯用语，提出要求。指导性意见用“以上意见，请结合实际情况贯彻执行”等作结语。建议性意见用“以上意见，供参考”（呈送类意见）、“以上意见如无不妥请批转××执行”（呈转类意见）等作结语。如果主体部分已经讲明要求，这部分可省略不写。

（3）落款。

在正文右下方写上发文机关署名和发文日期，并加盖公章。

例文：

关于集中整治形式主义、官僚主义和建立长效机制的指导意见

各单位、各部门：

根据《公司贯彻落实集中整治形式主义、官僚主义的实施方案》的安排，现就整改和建立长效机制工作，提出如下指导意见。

一、充分认识整改和建立长效机制阶段工作的重要性

抓好问题整改，建立长效机制是此次集中整治的关键环节。衡量整治工作做得好不好，主要看问题整改是否到位。查出问题不整改，就是对党不忠诚、就是不担当，也是典型的形式主义、官僚主义。近日，中共中央办公厅又印发了《关于解决形式主义突出问题为基层减负的通知》，再次强调要聚焦“四个着力”，切实解决一些困扰基层的形式主义问题，为基层减负。各部门和广大党员干部要认真学习领会《通知》精神，站在讲政治的高度，充分认识整改和建立长效机制阶段工作的重要性，把抓整改作为树牢“四个意识”、践行“两个维护”的政治要求，作为贯彻加强作风建设要求的具体行动，作为解决存在突出问题、推动企业改革发展的重要契机，以时不我待的紧迫感、责无旁贷的使命感，真抓真改、实抓实改、立抓立改，确保整改见底见效。

二、从严从实抓好整改各项工作

（一）要紧盯突出问题抓整改……

（二）要坚持效果导向抓整改……

（三）要强化责任落实抓整改……

（四）要坚持以上率下抓整改……

（五）要严格立规执纪抓整改……

三、建立完善整治形式主义、官僚主义工作长效机制

各级要把“立规矩”作为根治形式主义、官僚主义顽疾的治本之策，建章立制、标本兼治，形成长效机制。

要透过现象看本质，结合自查自纠、纪检监察、巡视巡察、内部审计、监督检查等发现的问题，对照《通知》文件精神，举一反三，从建立思想教育、会议文件审批、考核评价、监督问责、鼓励干事担当等长效机制方面入手，进一步修订完善制度规定。

要坚持激励与约束并重、严管和厚爱相结合，认真落实好“三个区分开来”重要思想和容错纠错实施办法，正确把握干部在工作中出现失误错误的性质和影响，保护干部干事创业的积极性，为担当者担当，为负责者负责。

要把集中整治与企业中心工作深度融合，坚决防止“两张皮”现象，切实营造干事创业、担当作为的良好氛围，为企业高质量发展提供坚强有力的保障。

××公司（盖章）

××××年××月××日

1.2.8　通知

《党政机关公文处理工作条例》中明确：“通知，适用于发布、传达要求下级机关执行和有关单位周知或者执行的事项，批转、转发公文。”由此可见，通知，就是告知他人、让他人知道事情的一种文体，也是在日常工作生活中最常见的一种文体，工作中用于发布规章法规、转发上级的指示和公文、对下级的指示和要求等；生活中，在小区、学校、报刊媒体等，也都能看到通知，用来向大家传达一些具体的事项。通知应用广泛，是发文数量最多、使用最为频繁的文体，员工人数在500人以上的大型企业，年发布通知的数量能占到所有公文数量的40%以上。理解和掌握通知的写作方法，有助于在工作中应用好这种文体。

通知的特点

通知的特点是严谨性、及时性、通俗性和简短性。严谨性，是把想要交代的要求和内容表达清楚，必须用词准确，避免歧义。及时性，是读到通知就能快速地获取到关键信息，包括谁发的通知、通知什么事情、需要执行什么措施。通俗性，是语言必须通俗易懂，避免生僻晦涩及专业性词语。简短性，是为了让读者全面迅速地知道某件事情，应以说清事情为主，尽可能简单明了，不宜长篇大论。是否具有严谨性、及时性、通俗性和简短性，也是评价一篇通知是否合格的标准。

通知的分类

通知在日常工作和生活中应用广泛，根据其使用范围的不同，可将其划分为发布性通知、批转性通知、转发性通知、指示性通知、任免性通知和事务性通知六类。

（1）发布性通知。

发布性通知，是由上级部门发布的重要通知，主要是发布行政规章、制度条例等，属于比较正式的通知，所以在语句运用、格式要求等方面也较为严格。如《关于印发〈生产质量标准化实施方案〉的通知》。

（2）批转性通知。

批转性通知，是上级机关批转下级机关的公文给所属人员，即对于工作需要的相关通知，要求下级周知并执行，一般包括两项内容：一是对批转的公文进行正确的解读，二是相应地提出为落实上级单位指示而需要执行的要求，所以，这种通知具有很强的承上启下作用。

（3）转发性通知。

转发性通知，是根据工作需要，向下级传达上级通知。和批转性通知的不同之处是，转发性通知会把其转发的公文作为通知的附件，同时也是通知的主要内容之一。如《某公司关于转发〈集团公司2021年上半年思想政治工作和形式任务教育要点〉的特此通知》。

（4）指示性通知。

指示性通知，是上级单位对下级单位工作的指导。这类通知一般由本单位拟制和发布。如《关于加强合同风险管理的通知》。

（5）任免性通知。

任免性通知，是用于任免和聘用干部的通知，一般形式固定，书写简明，说明任免人、任免职务和任免时间即可。如《关于张三等4人职务任免的通知》。

（6）事务性通知。

事务性通知，是为处理日常事务性工作，将信息和要求传达给机构和群众的通知。如《关于收集近期上线的办公系统有关问题及改善建议的通知》，这种通知因为面向广大员工，不要求过于正式。

通知的结构

通知的结构主要分为标题、正文、落款三部分。

（1）标题。

通知的标题，一般由发文机关、主要内容和文种组成。如《××公司关于严禁用公费变相出国（境）旅游的通知》。在实际工作中，发布通知时，也会出现省略发文机关的情况，即只有内容和文种，如《关于组织关键岗位人员进行业务培训的通知》。在出现规章制度的通知中，应注意书名号的使用，如《关于印发〈员工绩效考核管理办法〉的通知》。

标题之下，正文之前，单独一行顶格写通知的主送机关，也就是受文单位，是通知所需要通知到的单位、群体或个人。当主送机关较多时，应注意主送机关的排列顺序：一般按照级别关系从大到小的顺序排列。

（2）正文。

正文是通知的主体，即要明确表达出通知要求的主要内容。正文分为通知的缘由、主要事项和其他要求等。

通知的缘由，是指通知的背景、目的和意义等。写通知须说清楚缘由，才有利于受文方接受和认同通知事项，便于实施执行。叙述缘由时，可通过直接使用固定词语来开头，如用“为了”“介于”“以”等开篇。

当然，有的通知无须开头专门说明缘由，如以转发、转批为主的通知，这类通知一般无明显的开头，并且采用篇段合一的方法。

通知的主要事项，是通知的关键部分，用于叙述通知的事件，可以是关于某项具体工作的指示和安排，也可以是新制定的管理制度和流程等。此部分要尽可能清晰、全面地将关键信息表达清楚，如时间、地点、人物、需要做的事情等。

其他要求，是指可以列出一些其他需要执行的事项。若没有特殊要求，可省略不写。

（3）落款。

通知最后必须要有落款，即写上发文机关的署名和发文时间。同时，落款上须盖公章，通知才能正式生效。

例文：

关于严格执行请销假手续及外出办公审批程序的通知

各部门：

为进一步加强组织劳动纪律管理，维护企业正常生产经营秩序，现就我公司员工执行请销假手续及外出办公审批程序事宜，做出要求如下：

员工因病、事、婚、丧、探亲、生育及其他特殊情况需要离开工作岗位时，或因公需外出办公时，必须严格按照我公司请假管理规定，事先履行相应审批程序，履行程序后，方可离开工作岗位。待休假完毕，要及时办理销假手续。

各部门负责人为劳动纪律管理第一责任人，应明确各部门人事管理员的职责，切实做好人员请假及外出管理。

特此通知。

××公司（盖单）

2020年11月25日

1.2.9　通报

《党政机关公文处理工作条例》中明确：“通报，适用于表彰先进、批评错误、传达重要精神和告知重要情况。”

通报的特点

（1）真实性。

通报的所有内容必须是真实准确的，不能编造虚假情况。因此，写通报时，对于所写的事实，无论是正面的还是反面的，都要认真核实，确保准确无误。

（2）告知性。

通报的主要目的就是让大家知晓。表彰通报的目的是要让人们知道何人因何事受到了表彰，以激励先进，号召学习；批评通报的目的则是让人们知道何人犯了何种错误而受到处罚，以此警示告诫，长效预防；情况通报的目的是让人们了解通报的事项。

（3）教育性。

通报还有一个目的就是让人们通过了解有关重要情况及正反方面的典型事例，从而受到教育，从思想上树立正确认识，知道提倡什么、反对什么。

通报的分类

通报内容的来源一般有两种：一种是制发文机关根据本机关掌握的材料而

拟制；另一种是根据来文而拟制。根据通报来源材料的不同，可以分为转发式通报和直述式通报。

（1）转发式通报。

转发式通报，是发文机关将其他单位的通报或其他文字材料进行评议并提出要求以转发的通报，一般由评议意见和原件（在转发式通报中作附件）组成，如《中共中央纪律检查委员会关于必须严肃处理党员干部中的违法乱纪案件的通报》。

还有一种通报是转述式通报，转述式通报和转发式通报在内容构成表述的方式和对来文的处理方式都有很大不同，不能混为一谈，也不能将二者等同，也不能将转述式通报纳入转发式通报中，并且转述并不等同于转发。

（2）直述式通报。

直述式通报，是发文机关自述事实，同时进行评析并提出意见或要求的通报，一般由叙述事实、分析评议（性质、经验、教训、教育意义等）、提出表彰或处理意见及提出希望要求或建议组成，如《关于集中开展形式主义、官僚主义专项整治情况的通报》。

通报的性质

根据通报性质的不同，可分为表扬性通报、批评性通报和情况性通报。

（1）表扬性通报。

用于表彰先进集体和优秀个人，树立典型，总结经验，号召学习。如《关于庆祝中国共产党成立100周年主题书画展评选结果的通报》。

（2）批评性通报。

用于批评、处分错误，通报事故或反面典型，要求被通报者和大家吸取教训，以免重蹈覆辙。此类通报应用面广，应用次数较多，惩戒性突出。如《关于4.23交通事故的通报》。

（3）情况性通报。

用于传达情况、沟通信息，指导当前工作，具有沟通和知照的双重作用。

如《关于2021年上半年公司审计发现问题的通报》。

通报的结构

通报的结构主要分为标题、正文和落款三部分。

（1）标题。

通报的标题通常有两种形式：一种是由发文机关、事由和文种组成。如《××公司关于××部门违规处理三项费用的通报》；另一种是省略发文单位，只有内容和文种，如《关于违规处理三项费用的通报》。也有的通报标题只有文种名称，如《通报》。

在标题之下，正文之上要写明主送机关，也就是接收通报的单位。有的特指某一范围内，可以不标注主送机关。

（2）正文。

通报的正文，是通报的主要内容。表彰（批评）通报的正文结构一般有叙述事实、分析评议、提出奖惩和号召三部分内容。

叙述事实，就是客观真实地交代先进事迹或错误事实的经过情况。

分析评议，是对所述事实进行准确分析、中肯评价，做到不夸大、不缩小，使人们能从先进的人和事上得到鼓舞，从错误中吸取教训。

提出奖惩和号召，是写明如何嘉奖先进、惩处错误，并针对通报内容，结合现实需要，发出号召或提出要求。情况通报的正文结构一般有叙述情况、提出希望和要求两部分。

事实是通报的基础和核心，无论哪种形式的通报，叙述事情时都要抓住主要情节，简明扼要，不可事无巨细。

（3）落款。

正文右下方写上发通报的单位署名和发文时间，并加盖公章。

例文：

关于“弘扬家风家训　培育家国情怀”读书征文获奖作品的通报

××党政〔2020〕29号

各部门：

为了引导和激发广大职工的读书热情，着力把读书与提高素质、促进个人职业发展相结合，加强文明家庭建设相结合，营造“多读书、读好书、善读书”的浓郁氛围，我公司××部在全公司职工范围内开展读书征文评选活动，旨在更好弘扬时代精神，传播正能量，增强全体职工读书学习意识，提升职工素质，营造和谐健康、积极向上的企业文化氛围。通过半年多的认真学习研读，大家根据自身体会踊跃撰写读书心得。

经过各部门推荐及评选组委会评选，共评出一等奖×名，二等奖×名，三等奖×名，优秀奖×名，参与奖××名。现对获奖征文评选结果进行通报，并按照我公司的相关规定给予奖励。

附件：“弘扬家风家训　培育家国情怀”读书征文获奖作品名单

××公司（盖章）

××××年××月××日

1.2.10　报告

《党政机关公文处理工作条例》明确：“报告，适用于向上级机关汇报工作、反映情况，回复上级机关的询问。”由此可见，报告适用于下级机关向上级机关或向同级党代表大会汇报工作、反映情况、提出建议、答复上级机关的询问或要求。

报告的特点

报告的特点是单向性、综合性、事后性、沟通性。单向性，是指报告是下级向上级行文，一般不需要受文机关的批复，属于单向行文。综合性，是指报告可以是针对一件事情进行报告，也可以针对多件事情进行报告，内容涉及面可以很广。事后性，是指报告所涉及的事项是已经过去或正在进行中的事项，属事后或事中行文。沟通性，是指报告虽不需批复，但下级通过报告来取得上级机关的支持、指导；上级机关以此获得信息，了解下情，为做出决策提供指导和依据。

报告的分类

根据内容和要求，一般分为综合性报告和专题性报告两种。

第一，综合性报告。写综合性报告，要注意两点：一是要反映全面情况，但不是面面俱到，而是要有重点地选择几件影响全局的或上级关心的事情来写，更具有普遍的指导意义。二是不能简单地罗列情况，而要把情况或意见等进行综合分析，从中找出内在规律。在大方向的“面”上先概括，“点”上仍要写得具体。尤其是写年度综合性报告时，保留框架，但也要讲求创新，避免老调重弹，反映出自己工作中的创造性。

第二，专题性报告，是针对某项具体问题所作的报告，如情况报告、建议报告、回复报告、检讨报告等。

报告的结构

报告的结构一般由标题、正文和落款三部分组成。

（1）标题。

报告的标题一般由发文机关、事由和文种组成，如《××党组织关于××的报告》，也可以省略发文机关，由事由和文种组成，如《关于×××的报告》。

（2）正文。

正文由开头、主体和结语组成。

开头，一般要概括写出事由的背景和主要做法，然后常用“现将有关情况报告如下”一类的承启用语，引起下文。

主体，如反映工作情况的报告，一般要按照主要做法或经验，存在的问题及原因，解决问题的意见、办法这样的结构来安排。当然可根据实际情况对某些方面有所侧重，主体部分如果内容较多，可采用分条或分题来写，以使报告的逻辑清楚，层次分明。

结语，常用“特此报告”来收尾。

（3）落款。

在正文右下方写上发文机关及发文日期，并加盖印章。

例文：

关于开展违规挂靠专项整治排查工作的报告

根据公司《关于深入开展违规挂靠问题专项排查工作的方案》的要求，为了切实推动公司专项整治排查工作，我公司成立专项整治排查工作小组，及时开展了排查工作。现将专项排查工作报告如下：

一、加强组织领导

我公司成立了以公司领导为组长，各部门负责人为组员的违规挂靠问题专项排查工作小组。根据此次专项整治排查要求，明确工作任务，重点围绕三个方面，指定相关责任人，要求对每一项问题都逐项排查，并进行详细深入的了解分析，做好记录反馈，以确保工作落到实处。

二、落实工作责任

1. 基本情况

我公司于××××年××月成立并正式运营，属全资子公司，自主经营，独立核算，自负盈亏。我公司的业务模式是代理×××服务，从中收取一定的服务费。目前，我公司经营情况良好，××××年，实现年进出口总额为××××万元，营业利润达××万元。

2. 排查情况

对照违规挂靠问题专项排查工作方案，我公司梳理了当前业务开展情况，我公司从未与任何民营企业合资合作，不存在授权民营企业使用国有企业资质、字号等无形资产等一系列问题。经排查，我公司不存在违规挂靠现象。

通过此次排查，我公司将进一步增强合法合规经营的意识，完善我公司制度体系，强化监督机制，推动企业良好有序地发展。

××公司（盖章）

××××年××月××日

1.2.11　请示

《党政机关公文处理工作条例》明确：“请示，适用于下级向上级机关请求指示、批准。”

通常，下级组织向上级机关行请示文件，适用于以下几种情况：一是对有关方针、政策、批示中有不了解的问题；二是本级职权范围内不能决定或解决不了的问题；三是工作中发生比较重大的问题自己不能决定的，或原无决定、难以处理的问题；四是因本单位特殊情况难以执行统一规定，需要变通处理的问题；五是因本单位内部人员对某一事项意见分歧较大，无法统一有待上级裁决的问题；六是对某项工作提出建议，需要上级答复的；七是要求分配工作任务等。

请示的特点

（1）一文一事。

下级机关在向上级机关请示时，一篇请示应当只请示一个问题或一件事情，不能同时提出两个或两个以上互不相关的问题或事情，使上级机关难以办理和答复，造成漏批或误批。

（2）请批对应。

一请示，一批复。请示所涉及的问题，一般较紧迫，没有批复，下级机关就无法工作。因此，下级机关应及时就有关问题向上级机关请示，上级机关应及时批复。

（3）事前行文。

请示应在问题发生或处理前行文，不可先斩后奏。

请示的分类

根据内容和要求，一般分为指示类请示、批准类请示两种。

（1）指示类请示。

指示类请示，是下级机关需要上级机关对原有政策规定作出明确解释，对变通处理的问题作出审查认定，对如何处理突发事件或新情况、新问题作出明确指示等请示。如《××公司关于“三项问题认定”的请示》。

（2）批准类请示。

下级机关在开展工作的过程中，在人、财、物方面遇到困难，自己无法解决，可报请上级机关审核、备案、批拨或调配等。如《××公司关于调整岗位编制的请示》。

请示的结构

请示的结构包括标题、正文和落款三部分。

（1）标题。

请示的标题一般由事由和文种组成。在事由前面一般用“关于”，组成关于某事项的请示，如《关于职代会换届改选及召开第×届第×次会议的请示》。

在标题下正文前，要另行顶格写明本请示需要送达的机关名称，通常请示只主送一个机关，如需送其他单位可在文尾用抄送形式。

（2）正文。

正文一般包括请示缘由、请示事项和结语三部分。

请示缘由，是说明请示的原因和理由，也就是请示的必要性。这部分内容要写得充实，才能让上级了解来龙去脉，便于尽快解决所请示的事项，所以，请示缘由所占的篇幅较大，是行文的重点和难点。

请示事项，是请求上级解决的问题，请示事项要写得明确、清晰、具体，

不能含糊不清。一般是一事一请示，这样才能便于上级妥善解决。

结语，在正文的最后，要提出明确的请示要求，经常用“以上请示妥否，请批复”“妥否，请批示”“以上意见如无不妥，请批准”等作结束语。因为写请示是为了主动争取上级机关支持，所以请示语言要简明扼要，行文语气要分寸得当，阐述理由要真诚恳切，提出请求要尊重理解。结语作为凸显行文语气的重要一环，不可遗漏不写。

（3）落款。

正文右下方需写上发文机关的署名和发文时间，同时加盖公章。

例文：

关于参股化工投资有限责任公司的请示

集团公司：

为推进化工交易体制改革，完善市场化交易机制，推动市场在能源资源优化配置中发挥决定性作用，省化工协会及用户企业等市场主体投资组成独立的化工投资有限责任公司。前期，我公司沟通咨询了化工投资有限责任公司筹建进展，并表达了参股的意愿。现将有关情况汇报如下：

一、化工投资有限责任公司基本情况介绍

化工投资有限责任公司正处于筹建期，注册资本××××万人民币，经营范围为：会员企业项目建设投资及小额银行贷款担保；化工市场建设投资；高新技术项目建设投资；其他非金融性投资等。

二、认缴方式

当前，凡省化工协会会员企业均可认缴出资，认缴出资以100万元为单位，出资100万元以上者为公司股东；可联名认缴出资，但只能推选其中一人为代表出任股东。认缴出资分两期支付，首次出资为认缴出资总额的50%，支付时间以公司通知为准；余额从首次出资时间算起一年内支付。认缴出资者按认缴出资额2‰支付筹备经费，公司成立后此款可转为股本金。

三、投资必要性

化工投资有限责任公司注册成立后主要业务是化工项目投资，我公司投资该公司将有利于提升公司品牌形象，增加客户的信任度和忠诚度，进一步提升市场占有率和盈利能力。

目前，我公司经营效益良好，××××年销售额××万元，实现利润××万元；××××年销售额××万元，实现利润××万元。我公司参股后，借助当前化工投资政策利好，能够帮助企业进一步加快市场拓展速度，综合效益有望进一步提升。

妥否，请批复。

××公司（盖章）

××××年××月××日

1.2.12 批复

《党政机关公文处理工作条例》明确："批复，适用于答复下级机关请示事项。"也就是说，批复仅针对请示而行文。但是，对于请示的回复文种并不局限于批复，还有函、通知等。

批复的特点

批复的特点是针对性、指导性、简要性。针对性，是指一份批复针对一份请示，必须对下级机关的请示事项表明态度，提出意见和办法。指导性，是指批复对下级机关的请示提出的处理意见和办法，代表了上级机关的指示精神和决策意见，下级机关必须贯彻执行。简要性，是指批复针对请示的问题，只作原则性、结论性的指示，不必作具体分析和深刻阐述，做到简明扼要。

批复的分类

根据批复的内容和性质不同，可以分为审批性批复和指示性批复两种。审批性批复主要是针对下级机关请示的公务事宜，经审核后所作的指示性答复。

如关于机构设置、人事安排、项目设立、资金划拨等事项的审批。指示性批复主要是针对方针、政策性问题进行答复。

批复的结构

批复一般由标题、正文和落款三部分组成。

（1）标题。

标题的写法有两种方式。

第一种是由发文机关、事由和文种三部分构成，如《××省人民政府关于同意××经济开发区扩区的批复》。

第二种是省略发文机关名称，只标明事由和文种，如《关于××市城市总体规划的批复》。

（2）正文。

正文一般由批复依据、批复意见和结语三部分组成。

批复依据，就是要说明下级来文的日期、文号和标题，也可以简要引用请示事项。

批复意见，是针对请示中提出的问题做出具体明确的回答。如果同意，就写明肯定性意见，无须写理由；如果不同意，就要写明不予批准，并附上理由。

结语，一般以“特此批复”或“此复”作结尾。

（3）落款。

在正文右下方写上发文机关署名和发文日期，并加盖公章。

例文：

关于××公司参股××省化工投资有限责任公司有关事宜的批复

××公司：

你公司《关于参股××省化工投资有限责任公司的请示》（××办〔2020〕43号）收悉。经研究，批复如下：

一、同意你公司以认缴出资方式认购某省化工投资有限责任公司5%股权，出资金额不超过200万元，所需资金由你公司自筹解决。

二、同意你公司根据该事项调整年度资本支出计划，并尽快上报相关事项。

三、你公司要按照产权交易所有关规定履行交易程序，按照有关规定履行集团公司相关程序后签署。

四、你公司要发挥化工投资公司平台作用，密切关注区域化工销售市场动态，持续拓展化工销售业务，提升化工产业链增值创效能力。要积极参与区域化工市场改革，强化化工投资业务衔接，促进化工产业健康发展。

此复。

××公司（盖章）

××××年××月××日

1.2.13　议案

《党政机关公文处理工作条例》明确："议案，适用于各级人民政府按照法律程序向同级人民代表大会或者人民代表大会常务委员会提请审议事项。"

议案的特点

（1）制发机关的法定性。

议案的制发机关只能是各级人民政府，政府的职能部门无权制发。

（2）内容的特定性。

人民政府所提议案的内容，必须属于同级人民代表大会或常务委员会职权范围内的有关事项。

（3）时效的规定性。

各级人民政府的议案，应当且必须在同级人民代表大会或其常务委员会举行会议规定的限期前提出， 否则不能列为议案，超过期限提交的议案一般改作"建议"处理，或移交下次人大会议处理。提交大会审议的议案，必须限期审

议表决或提出处理意见。

（4）行文的定向性。

议案只能由各级人民政府向同级人民代表大会或其常务委员会行文，不能向其他部门单位行文，主送机关也只有一个。

（5）事项的必要性和可行性。

提交人大议案审议的事项，必须是重要事项，符合人民群众的意愿和要求，而且议案中提出的方案、办法和措施，必须是切实可行的，才有可能获得通过。

议案的分类

根据议案的性质，划分为立法性议案、重大事项的决策性议案、任免性议案、建议性议案四种。

（1）立法性议案。

立法性议案适用于两种情况：一是政府机构制定了某项法律或法规之后提请人大审议通过，如《国务院关于提请审议〈中华人民共和国劳动法（草案）〉的议案》；二是建议、请求某行政机构制定某项法规，如《关于尽早制定我省普及九年制义务教育实施条例的议案》。

（2）重大事项的决策性议案。

关于财政预算决算、城乡发展规划、重大工程上马以及政治、经济、文化、教育、科技、卫生等领域中的重大事项的决策，需要提请人民代表大会审议批准时使用的议案，就属于重大事项的决策性议案，如《国务院关于提请审议兴建长江三峡工程的议案》。

（3）任免性议案。

行政机关向权力机关提请任命、免去或撤消行政机关工作人员职务，请求人民代表大会审议批准的议案，就是任免性议案，如《国务院关于提请××等同志职务任免的议案》。

（4）建议性议案。

以行政部门的身份向权力部门提出建议，也可以使用议案。这种议案有些像建议报告，供人民代表大会审议、采纳。

除了以上4类议案，还可根据议案的形成时间，划分为平日议案和会上议案。平日议案，是人民政府就日常工作中的有关重大事项向本级人大常委会提出供常委会议审议的议案。会上议案，是人民代表大会召开期间，与会的人大常委会、人大专门委员会、人民政府和人大代表就有关重大事项向该次会议提出并供其审议的议案。

根据议案提出者的不同，划分为人大常委会议案、人大专门委员会议案、人民政府议案、人大代表议案。人大常委会议案，是各级人大常委会在本级人民代表大会上提出的议案。人大专门委员会议案，是各级人大的各专门委员会在本级人民代表大会上提出的议案。人民政府议案，是人民政府向本级人民代表大会或其常委会提出的议案，既有会上的，也有平日的。人大代表议案，是各级人大代表在本级人民代表大会上提出的议案。

议案的结构

议案的结构一般由标题、正文和落款三部分组成。

（1）标题。

议案的标题有两种形式。

第一种是由发文机关、事由、文种构成，如《××市人民政府关于提请审议〈××市乡村旅游促进条例〉的议案》。

第二种是省略发文机关，只由事由、文种组成，如《关于提请审议修改后的国务院机构改革方案的议案》。

标题下面写议案的主送机关，只能是同级人民代表大会及其常务委员会，不能有其他并列机关。要采用全称或规范化简称，不得随意简化。

（2）正文。

正文，一般由议案的缘起或目的、提请审议事项和结语组成。

议案的缘起或目的，也就是提出议案的根据。这部分和常规的根据、目的、意义式的公文开头很接近，篇幅视提案内容的复杂程度而定。有的议案缘由内容复杂，篇幅较长，如《国务院关于提请审议兴建长江三峡工程的议案》，议案的缘由部分超过全文的一半，对于这样一个耗时耗资十分巨大的工程，将理由阐述得充分一些，是很有必要的。有的议案缘由内容明确，较为简短，以一般公文常用的“目的式”做开头，以三五百字介绍即可。

提请审议事项，就是对提请审议的事项或问题提出解决的途径、方法。如果是提请审议已制定的法律法规的，解决问题的方案就在法律法规之中，这部分只需写明提请审议的法律法规的名称即可，但要把法律或法规的文本作为附件。如果是任免性议案，要将被任免人的姓名和拟担任的职务写明。如果是提请审议重大决策事项的，要把决策的内容一一列出，供大会审阅。如果是建议采取行政手段解决某方面问题的，要把实施这一行政手段的方案详细列出，以便于审议。

结语，主要用于提出审议请求。一般都采用模式化写法，言简意赅。如“本草案业经市政府同意，现提请审议”。

（3）落款。

落款，分上款和下款两种。上款，即收文机关，某人民代表大会或其常务委员会，有的要写明某次或第几届第几次会议。下款，发文机关和行政首长签名，另行写提请审议的年月。国务院提交给全国人大的议案，要由总理签署；各省、市、自治区提交给同级人民代表大会的议案，要由省长、市长或自治区主席签署。

1.2.14 函

《党政机关公文处理工作条例》明确：“函，适用于不相隶属机关之间商洽工作、询问和答复问题、请求批准和答复审批事项。”由此可见，函是党政机关、企事业单位和社会团体之间商谈和联系工作时使用的一种文体。函比较郑重，格式上从标题、公文编号到签署、发文日期等都同其他公文相同。函的使用范围很广，平行或不相隶属机关联系工作时可以使用公函，上级机关向下级机关询问有关情况或催办有关事宜时，也可以使用公函，函也可以用来批复。

函的特点

函的特点是广泛性、明确性、沟通性。广泛性，是指函的用途很广泛，在不相隶属的各单位之间联系工作可以使用，有时上级回复下级请示时，也可以用函。明确性，发函一定是针对具体事项的解决，目的明确。沟通性，是指函具有很强的沟通功能，用在各种各样的场合，为了商洽解决事情而用它来沟通联系对方，既正式又得体。

函的分类

根据发文目的，可以分为发函和复函两种。发函，是因解决具体事项而发出的函。复函，是为回复对方所发出的函。

根据发函的用途，可以分为商洽函、通知函、催办函、邀请函、询问函、催办函、委托函等。

函的结构

函的结构一般包括标题、正文和落款三部分。

（1）标题。

函的标题，也就是它的中心摘要。主送机关也就是受函单位，要写单位全称或规范性简称。

（2）正文。

正文一般由发函缘由、发函事项和结语组成。

发函缘由，交代为什么要发函，要求叙事简明，办什么事，有什么意见，或怎样答复等陈述清楚。语气要恳切，但不必寒暄、客套。

发函事项，这是函的主体部分，针对某项工作展开商洽、某一事件提出询问或作出答复、对某事项提请批准等。

结语，一般用“请予协助解决”“以上意见，请予函复”“特此函告”“特此函复”等做结尾。

（3）落款。

正文的右下方写上发文单位的全称和发文日期，并加盖公章。

例文：

关于梳理信息化办公设备的函

各部门、各生产车间：

为规范我公司信息化办公设备管理，完善电脑类（台式机、一体机、笔记本）、打印类（打印机、复印机、一体机、扫描仪、传真机）设备资产台账，摸清信息化办公设备的真实情况，确保设备资产账、卡、物的一致性，请各部门、各生产车间梳理本单位信息化办公设备，按实际使用情况进行填报，并于××月××日前将梳理结果（纸质签字版及电子版）报送至行政管理部。具体填报内容按附表执行。

附表：××公司信息化设备明细表

××公司行政管理部（盖章）

××××年××月××日

关于协助做好年终物品采购结算的函

××采购平台：

××××年四季度已临近尾声，根据贵平台关于商品采购的结算规则，每月10日为账单生成日，确认账单后可开票结算。为确保我公司今年所有的办公费用可以正常入账进入年底结算，现需贵平台积极配合，做好如下工作：

一、加快完成四季度我公司在贵平台办公用品采购订单的审核工作。

二、我公司已生效的订单中，有一部分目前仍尚未到货，我公司已梳理完毕，需贵平台加快订单履约进度。

望贵平台予以配合。

××公司（盖章）

××××年××月××日

1.2.15 纪要

《党政机关公文处理工作条例》明确：“纪要，适用于记载会议主要情况和议定事项。”纪要，也称会议纪要，是记载和表达会议精神和议定事项时使用的文种。一般用来总结会议的成果，通报会议精神、记载会议活动、积累留存资料，约束和指导贯彻执行会议精神，促进工作开展。会议纪要可以上报，也可以下发，但一般只发与会议纪要的内容有关的单位。

会议纪要的特点

会议纪要的特点是纪实性、特定性、简要性。纪实性，是指会议纪要的内容一定是会上讨论意见的真实记载和反映，不得随意增减会议内容，不得捏造篡改会议讨论意见。特定性，是指会议纪要有特定的记载对象、记载内容，是针对会上所讨论的事项，来记载是否取得一致意见。简要性，是指会议纪要是对会上讨论的事项及所形成的意见的择要记录和内容提炼，以突出“要”字。

会议纪要的分类

根据会议出席人员，划分为：全体会议纪要、办公会议纪要、例会会议纪要、工作会议纪要、联席会议纪要等。

根据会议的任务和要求，划分为：决议型会议纪要、通知型会议纪要、指示型会议纪要、学术型会议纪要等。

会议纪要的结构

会议纪要的结构一般由标题、正文和落款三部分组成。

（1）标题。

标题一般有三种写法。

第一种是由会议名称和文种组成，如《中共×××党支部委员会会议纪要》。

第二种是由发文机关、会议名称和文种组成，如《××公司关于推进重点项目建设专题会议纪要》。

第三种是由正、副标题组成，正标题突出会议的主旨和精神，副标题中列明会议名称和文种，如《努力实现新世纪的良好开局 中国共产党中央委员会×××会议纪要》。标题下面写明会议纪要的形成时间。

（2）正文。

正文包括开头、主体和结语三部分。

开头，一般用于陈述会议的概况，包括：会议时间、会议地点、主持人、参加人员、列席人员、会议主题、会议议题。

会议的参加人员是根据会议主题，会议通知要求必须参加会议的人员，如党员大会的参加人员就是全体党员。

列席人员，属于会议通知必须到会参会的人员，他们可以参加会议，但不具有发言权、表决权、选举权和被选举权等权利。如党员大会的列席人员，可以是发展对象、积极分子以及各行政部门的负责人，这些人不是党员，但可以参加党员大会，但没有发言权、表决权等。

主体，就是会议纪要的主要内容。逐项列出会议研究的问题、讨论的意见、作出的决定、提出的任务、要求等，这部分内容是对会议原始内容的分析、概括和提炼。

如何进行概括和提炼？有三种方法。

一是概述法，即概括会议的程序，先讨论什么事项，后达成怎样的一致意见，主要写一致意见是什么，不写讨论的过程。

二是分项法，即会议讨论的议题是逐个列出的，在写纪要的时候可以进行归纳总结，把涉及一个项目或同一类问题的写到一起。

三是重视深度，对于同一个问题，要将讨论涉及的多个方面写全，每一个方面涉及深层次的内容写实。

结语，会议纪要一般不做结语，即写完会议讨论的最后一项内容就随之结束。有时根据不同的工作需要，结语部分会提出希望，一般单独作为一段，结束全文。

（3）落款。

正文右下方写上会议召开单位的全称和会议日期，一般无须加盖公章。

例文：

会议纪要

日　　期：××××年××月××日

地　　点：××××××

主 持 人：张一

参会人员：赵二、张三、李四、王五、段六

记　　录：马七

议　　题：××公司月度工作会议

内　　容：会议通报了××公司××项目的工作进展情况，讨论研究了工作推进中存在的问题和困难，并对迎接××市××局来现场核查、下一步重点工作作出安排部署，形成如下会议纪要。

一、会议通报了公司××项目工作进展情况

（一）基本情况

……

（二）工作进展情况

……

（三）存在的问题和困难

……

二、根据《关于××公司颁发业务许可证有关事项的通知》（××资质〔20××〕××号）的要求，××市××局将于××月××日来公司进行现场核查，会议对迎检作出安排部署：

（一）会议要求××××部门负责，协调总公司相关部门，做好××市××局领导及专家的接待准备工作。

（二）会议要求××××部门做好核查汇报材料的准备工作。

三、会议对下一步重点工作作出安排部署

（一）会议要求赵二牵头，拿出公司××项目运营模式方案。

（二）会议要求王五负责，完成公司市场调研工作。

（三）会议要求赵二负责，完成营业场所建设工作。

（四）会议要求李四负责，加快业务许可证办理工作。

（五）会议安排近期对接××公司，协商签订业务合作协议书事宜。

（六）关于日常管理工作，会议要求：

1. 关于做好员工培训工作。

2. 做好员工调遣，提高办事效率。

3. 建立月度例会制度，每月召开工作例会，会后发布会议纪要。

××公司

××××年××月××日

1.3　其他常用公文的写作要点

1.3.1　工作计划

工作计划，是对未来一段时间所要做的工作进行安排的文体。工作计划的主体部分必须体现出“做什么”与“怎样做”的逻辑关系。所谓“做什么”，即工作的目标、任务，同时要写明完成的时限。所谓“怎样做”，即完成目标、任务的具体措施、步骤与方法，一般应包括人力、物力、技术、手段、组织领导等，对这些内容应当写得详尽、具体。

工作计划的特点

工作计划的特点是目的性、指导性和可行性。目的性，计划工作旨在有效地达到某种目标，首先就是确立目标，然后使今后的行动集中于目标，朝着目标的方向迈进。指导性，在管理的六大职能中（计划、组织、领导、指挥、控制、协调），计划是排在首位的，有了计划，也就有了目标，才能指导组织、人事、领导和控制等方面的活动，以支持实现组织目标。可行性，工作计划的制订是建立在与实际情况相符的基础上，只有具备可行性，才有能实现计划的可能。

工作计划的分类

按照时间的长短，划分为：长期工作计划、中期工作计划和短期工作计划；年工作计划、季度工作计划、月工作计划和周工作计划。

按任务的类型，划分为：日常工作计划和临时工作计划。

按紧急程度，划分为：紧急工作计划和非紧急工作计划。

按照计划的格式，划分为：文字叙述式计划和表格填充式计划。

写工作计划需要注意的问题

（1）要从实际出发。

做计划是为了实现工作目标，所以，计划的制订既要尊重事实、又要有一定的激励作用。将计划定得过高或过低都不能很好地促进计划的完成，定得过高，容易让人觉得遥不可及，定得过低，又无法充分发挥人的主观能动性，不利于完成。

（2）要广泛联系群众。

计划的完成，一定是组织全体成员共同努力的结果。所以，制订计划时，要广泛听取群众的意见，集中群众的智慧，使大家都能看到实现计划的前景和

希望，从而在实施计划的过程中，才能够充分凝聚全员的智慧力量，保证计划按期实现。

（3）要考虑可行性。

全面分析各种情况，充分预测计划实施中可能出现的问题，并制定出相应的防范和应对措施，增强计划的可行性。

工作计划的结构

工作计划的结构一般由标题、正文和落款组成。

（1）标题。

工作计划的标题一般由单位、时限、主题内容和文种构成，如《××公司××××年销售工作计划》。

（2）正文。

正文一般由计划提出的缘由、计划的具体内容两部分组成。

计划提出的缘由，主要写制订计划的背景和依据，根据实际情况简要陈述即可。有时可省略这部分直接引入计划。计划的具体内容，是工作计划的重点，一般包括任务和要求、具体措施两项内容。任务和要求一般用以回答“做什么、做到什么程度、什么时候完成”。具体措施，用以回答“怎么做”。

计划的具体内容一般有两种写法。

第一种是在开头提出做计划的缘由后，直接写明要完成怎样的任务和要求，即要在一定的期限内做到怎样的标准，然后把具体的措施分成若干段来分项写出。

第二种是在开头写明计划的依据和背景后，使用“特制订如下计划”这样的承启用语，来引出计划的具体内容，如果任务比较多，则用分条列项式，把任务与要求、具体措施放在一起，即写完一项任务和要求，紧接着写完成任务的措施。

（3）落款。

正文右下方写上做计划单位的名称和日期。如果标题中已写明单位，则不再写单位名称，直接写日期即可。

例文：

××××年工作计划

××××年，我部门将紧紧围绕公司的整体要求和工作部署，积极做好××项目建设工作。特制订如下计划：

一、贯彻执行公司的相关精神及规定

一是积极宣传落实公司各个工作会议精神、各项文件及规定，及时或定期在部门会议传达公司的年度工作总目标和总要求，并按要求积极完成工作任务。二是制订部门年度、季度及月度工作计划，具体细化到各个科室及人员，指定责任领导，明确时间节点、落实到人。三是制订工作进度表，对工作进行梳理、细化和分解，定期反馈成果并更新进度，及时调整工作方向，确保完成部门目标。

二、积极履行部门职能，加强组织内部学习

一是对照国家、集团、公司有关法律法规、制度标准等要求，吸取项目建设及管理的成功经验，结合实际，积极履行自身部门业务职能，提升部门管理水平，配合其他职能部室的相关工作，正确指导项目部及项目公司的工作。二是不断加强内部学习，营造学习型组织，完成公司文件规范、管理制度、法律法规、专业知识等内部普及。

三、完善部门工作流程，健全制度规范

规范并完善部门工作流程，尤其要对各单位工作流程的交叉重叠部分进行明确的规定。一是按照公司相关流程将《项目技术文件管理实施细则》《项目管理实施细则》提交公司会议审核，争取正式下发执行；二是制订并完善项目前期工作流程。

四、积极推进项目前期工作

根据省发展规划，在认真研究国家、行业相关政策的基础上，对公司“××五”产业发展规划进行科学合理排序，做好项目前期工作，争取再获批

一个项目。

五、加快推进项目建设

1. A项目

做好开工前各项准备工作，项目计划于××××年××月正式开工建设，确保完成××××年度工程进度计划。

2. B项目

做好开工前各项准备工作，争取使项目于××××年××月具备审核条件并进行开工建设，确保完成××××年度工程进度计划。

为积极推动公司战略转型，在公司党政的支持和领导下，各部门的配合及全体员工的努力下，××××年，我部门工作将会更上一层楼，使得项目早日落地，并积极推进项目建设进度，为企业发展贡献一份力量。

××部

××××年××月××日

1.3.2　工作总结

工作总结，是对一定时期的工作进行分析研究，肯定成绩，查找问题，吸取教训，提高认识，明确方向并用来指导今后工作而使用的文种。通常，工作总结的拟写是出于向上级汇报工作的需要，同时也用于改进工作。

工作总结的特点

（1）真实性。

工作总结，必须符合真实情况，不能夸大其词和过于修饰，只有情况是客观的，才能得出客观的经验，有利于客观地指导后续工作。

（2）系统性。

工作总结，是把一个时期内的零散的、杂乱无章的东西条理化，把点点滴滴的经验体会系统化。因为是总结，所以对于观点的分析论证过程，力求简洁、准确。

（3）指导性。

对未来的工作具有指导意义。

写工作总结需要注意的问题

（1）学会总结提炼观点。

要看到事情发展的全貌，厘清事件彼此的联系，从而提炼观点，避免从片断的和随便挑出来的事实中去提炼观点，考验的是归纳总结、逻辑思考的能力。所以，平时就要对工作进行定期的复盘，尤其是一些重大事件及工作进展。

（2）亲身代入。

把自己置身于此，把完成的工作看作自己哺育的孩子，从头到脚，由近及远，全面地去看待他，既看到优点，又顾及不足，才能写出真实的成绩，准确查找出问题的实质。

（3）提前解读上级单位的整体规划。

针对上级提出的总目标，拆解成分目标，明确了大方向，在制订计划的时候也就有的放矢，重点突出，不是眉毛胡子一把抓。

（4）总结性语言和事例相结合。

既有观点，也有事例佐证，避免内容空洞，因为事实胜于雄辩。防止三个误区：一是观点和事例不匹配；二是举了很多例子，就是不提观点；三是要么只有观点、要么只有例子。

（5）语言要准确简洁。

写出事物的要点即可，要注意贴切妥当，尤其是举事例，只需简要说明关键点，不能像写小说、散文一样，为追求华丽而堆砌辞藻。

在实际工作中，工作总结和工作计划是分不开的，通常写在一起。如年终向上级作本年度工作总结和下一年度工作计划，因为下一阶段计划是必然的要结合当前的情况来进行制订的。

工作总结的结构

工作总结的结构一般由标题、正文和落款组成。

（1）标题。

工作总结的标题一般由单位、时限、主题内容和文种构成，如《××公司××××年行政工作总结》。

（2）正文。

正文一般由开头、回顾本期工作总结、提出下一阶段的工作计划和结语四个部分组成。

- 开头

此处要提到在公司领导的带领和支持下，各部门的协助下，在所属部门全员的团结一致下，圆满完成了工作目标，可用一句话概括性写出一至两项最重要指标的完成情况。

- 回顾本期工作总结

此部分内容包括工作业务情况、本年度工作亮点、不足与改进措施三部分。

拟写工作业务情况时要注意两点：一是用数据说话。要先总后分，也就是说，先对整体工作指标的完成情况进行阐述，再将业务按照工作流程来分成几个模块/部分，来说明每个模块/部分分别完成了什么样的目标。二是既要重业务，也不能忽视管理。业务只有在内部管理顺畅的情况下，才能干得更好。所以，也要总结内部制度流程管理的优化情况。如召开部门会议、优化人员分工、废除/新建制度等。

本年度工作亮点，就是反映年度工作的精华。既然叫精华，就不宜面面俱到，事无巨细，只为提炼经验。

亮点怎么找？有三种办法。

第一种办法就是描述一项重要工作或重大事项的过程进展。如取得了一项很难拿到的销售/经营许可证件、利润超出预期值30%以上等，对部门和公司来说有较大意义的事情。

叙述事情通常有6种方法：一是以时间顺序写，按事件发生、发展的时间顺序，从头到尾，分步叙述。二是以因果关系写，可用顺叙，先写原因，再写结果；也可用倒叙，先写结果，然后写事件的起因、发展过程。三是先总说，后分说，总结对象范围较大时，先说全面情况，再说典型事例。四是循序渐进，对一些内容单一、问题集中的事件，按提出问题、分析问题、解决问题的顺序来表达。五是分条列举，按内容性质，一件事写一条，分条叙述，主要情况在前，次要情况在后。六是对比烘托，可以今昔对比，说明事情随形势发展了、变化了；也可横向对比，说明由于主观努力程度不同，取得的结果也是不同的；还可以正反对比，用反面例子来加深对问题的认识。

第二种办法是寻找工作方式方法的创新点。如拓展销售渠道的方法创新、研发产品创新；或者以数据说话，通过采取什么措施，使得成本降低、效率提高等，最好以可量化方式进行描述。

不足与改进方法，就是写出需要进一步完善的空间。例如，某一项业务是需要跨部门协作而且时间轴较长的长期业务，随着每一年的业务开展等，结合形势发展，提出未来的改进建议。需要注意的是，写工作总结时，对缺点教训不做深刻剖析，一般采用叙述方式，只提出需要改进的地方即可。

- 提出下一阶段的工作计划

此处一般分业务和管理两部分内容。业务方面，按照不同的划分模块，分别提出合理的目标。管理方面，提出一些关于内部管理调整优化方面的计划和措施。

- 结语

结语是工作总结的收尾，一般由两部分内容组成：一是对他人表达感谢，包括领导、团队成员、其他部门等。二是展望表决心，希望通过齐心协力、锐意进取，完成部门新一年工作目标，助力公司年度目标的实现。

（3）落款。

正文右下方写上总结单位的名称和日期。如果标题中已写明单位，则不再

写单位名称，直接写日期即可。

例文：

××××年工作总结

××××年，在公司党政的正确领导与大力支持下，在公司各部门和相关生产车间的全力配合下，按照公司的总体部署和要求，我部门主要工作是积极推进A、B两个项目前期工作，争取早日开工建设，再争取一个项目及加强公司项目建设管理。现将部门××××年工作总结汇报如下：

一、部门职能履行、综合管理方面

1. 制度建设

按照公司规定，积极做好公司全资和控股项目前期工作，建立健全的公司业务相关管理制度、技术规范和标准，为公司产业发展提供动态信息和决策依据。同时，严格规范内部管理，制定了《安全生产责任制》和《部门人员岗位职责》，明确部门科室职责，并细化了科员岗位职责，规范工作，明确分工，确保高效完成部门工作，积极配合其他职能部门及二级单位的工作，完善与各个部门的工作交接、配合流程，完成公司领导交办的其他工作。

（1）部门例会制度

（2）联络会议制度

（3）其他管理制度、标准及规范

2. 日常工作

（1）文件呈报

（2）会议纪要

（3）培训交流

3. 任务考核

（1）项目获批

（2）项目准备

4. 创新管理

二、项目建设管理方面

1. A项目

（1）前期工作

（2）工程进展

2. B项目

（1）前期工作

（2）工程进展

（3）合作谈判

三、工作中存在的不足及改进措施

1. 存在的不足

（1）受国家政策影响，项目的重要报告需做大量修改补充工作，致使上报进度滞后，导致项目实际进度处于停滞状态。

（2）根据公司规定的部门职责，细化了部门每个成员的工作职责，工作流程仍存在一定的不全面性，需进一步规范，各项管理制度仍需进一步健全。

（3）综合知识与实际经验欠缺。项目建设管理过程中，涉及知识广泛，由于部门工作人员一是相对较少，二是实践经验有限，对项目施工现场各项工作接触较少，实际操作经验缺乏，管理实际与理论存在一定的脱节，因此须加强综合知识学习与现场实践操作。

2. 改进措施

（1）责任到人，分工明确。部门要做好严格分工，既要全力以赴、加快做好办理项目前期手续，同时，又要指导项目部做好项目开工前的准备工作；按照公司业务办公会议的要求，制定并定期更新项目××工作进度计划网络图和××工作计划网络图，图中所列工作责任到人，分工明确。

（2）做好目标监测和效果反馈。针对前期相关报告的编制及支持性文件的办理过程中出现的偏差或进度上的卡壳，及时进行原因分析并纠偏，尤其是

制定项目委托服务咨询单位后评价制度，拟对委托编制报告及提供服务单位的服务质量进行后评价，为公司领导、相关部门决策提供有用的参考。

（3）加强与公司各部门的沟通，规范业务流程。项目建设过程中，涉及支持性文件办理、工程施工、项目设计、合同签订、图纸审核等一系列相关工作时，需协调多个职能部室，熟悉其工作流程及相关业务制度，加强与其配合、沟通与协调，有利于顺利完成工作，缩短办理周期，推动我公司项目建设。

××部

××××年××月××日

1.3.3　述职报告

述职报告，是个人就任期内自己履行岗位职责情况，向上级机关和所属单位所呈报的自我评述性文字材料。它是总结报告的一种特殊形式，通过进行前期工作总的回顾，找出内在规律，以指导未来实践。在法定机关、企事业单位等社会组织的任职考评和职称评定中，述职报告具有重要地位和作用，它可以为正确考核和评价干部提供一个可供参考的平台。

述职报告的特点

述职报告的特点是：自述性、自评性和报告性。自述性，就是述职人采用第一人称，以自述的方式，向上级或单位报告自己的工作实绩。自评性，就是述职人以对自己和组织负责的原则，持严肃认真的态度，对其任期内的德、能、勤、绩、廉等方面情况，做出自我鉴定。报告性，是指报告的本质属性就是向上级和组织汇报工作，所以内容要真实准确，语言要庄重得体。

写述职报告应注意的问题

（1）述职报告≠总结汇报。

述职报告与总结汇报都是对自己过去一段时间工作的总结回顾，但是二者的目的与侧重点上有很多的不同，切不可混为一谈。

述职报告是上级主管领导、人事部门或有关评审组织对述职者进行任职期间业绩和能力的考核，也是群众评议的基础，侧重于履职情况、能否胜任及能力如何。因此，述职报告应当对照岗位职责，对自己这一阶段履行岗位职责时各方面的情况进行自我评估。

（2）言之有物、重点突出。

要控制好述职报告的篇幅，切忌长篇累牍，通常在2000～2500字。忌内容不切实际、空洞无物、辞藻堆砌，也忌事无巨细、面面俱到、简单粗浅，宜善于抓住最能显示工作实绩的几项主要工作，重点对这些工作进行陈述，介绍如何克服种种困难，重点介绍重大问题的决策过程，应对棘手、突发事件的解决思路，展示处理问题的能力。

（3）实事求是。

述职报告的内容要求真实、客观、准确，不夸大成绩，不弄虚作假。无论称职与否，都要坚持“与事实相符”的原则，既不争功诿过，将明显属于别人的功劳归到自己名下，也不应让功揽过，过于谦虚。

（4）注意表述技巧。

谈成绩谈失误要注意表述技巧。例如，谈成绩，可以通过纵向对比的方法，借助巨大数据变化突出成绩；谈失误，要勇于承担自己应承担责任，不要忘记客观分析失误原因，要针对失误有相应的解决措施，展现自己发现问题的能力、举一反三的领悟力以及提出合理化建议的能力等。

述职报告的结构

述职报告的结构一般包括标题、正文和落款三部分。

（1）标题。

标题一般由进行述职的人、文种构成，如《个人述职报告》《××单位总经理××××年述职报告》，或者直接写《述职报告》。

标题下面、正文上面写报送的部门、呈送的领导或所属单位的各位领导同志，后加冒号。

（2）正文。

正文由个人任职简介、任职实际评述、存在问题及努力方向三部分组成。

个人任职简介，概述现任职务任职时间、岗位职责、工作目标及总的评价，以确定述职的范围和基调。任职实际评述，写主要的工作业绩和自我评价。首先简要阐述履行岗位职责的情况；其次列举具有代表性的典型工作成绩，并写明起止时间、主要内容、个人所起的作用及其影响和效果；最后写目标实现的程度。存在问题及努力方向，就是概述存在的主要问题或工作中的失误以及改正措施。

（3）落款。

在正文的右下方签署述职者姓名和撰写述职报告的时间。

例文：

××××年度述职报告

××××年，作为××公司×××，按照公司的统一布局和责任分工，围绕目标努力工作，加强学习，廉洁自律，认真履职，较好地完成了本部门工作任务。根据公司安排和相关要求，现将本人××××年度工作学习、廉洁自律等有关情况，报告如下：

一、自觉学习政治理论，不断提高自身素质

党的十九大以来，我认真学习了习近平总书记关于政治、经济、作风建设、反腐倡廉、军事外交、社会生态等系列讲话精神，也对党的“十九大”及一、二、三、四中全会精神公报、报告、两个重要决定进行了研读，全面理解和深刻领会习总书记的执政理念与中央精神。同时，还坚持通过网络学习时事政治理论和国内外经济发展动态，提高政治理论素养，夯实指导实践的理论基础，筑牢了政治意识、大局意识、核心意识、看齐意识，坚定了道路自信、理论自信、制度自信、文化自信，做到了两个维护，保持了政治敏锐性和立场坚定性，促进了研判水平的提高，增强了在复杂形势下驾驭工作的能力。

二、积极参加学习教育，筑牢为人民服务的初心

通过参加“不忘初心、牢记使命”主题教育活动，确保“以知促行、以行促知”，密切干群关系，在这次活动中，能够积极主动参加，认真学习相关文件、资料，结合实际写读书笔记，主动查找自身问题，自觉接受群众监督，全面制定整改措施。通过学习，坚定了理想信念，强化了宗旨意识，清洁了思想灵魂，在纠正“四风”问题上，从思想深处形成自律、自觉，克服了“少干少出错，不干不出错”的错误思想。

在工作中，严格按照公司要求，逐项不误地按照时间节点参加学习教育，听取意见，查摆问题，开展批评，整改落实，建章立制，阶段督导，并听从组织安排到公司廉政教育基地参观学习，增强了教育实践活动的效果。

三、严格约束个人行为，坚决执行八项规定

今年以来，能够严格按照中央“八项规定”和公司的廉洁自律要求，规范自身行为。针对自身存在的问题，制订了相应的整改措施，坚决做到“正人先正己”，做到勤政廉洁、秉公办事，不以权谋私，做到在公司“三重一大”上按照程序和规定办事，坚决不走后门，也坚决不给别人开后门。在工作和生活中，坚持勤俭节约，廉洁自律，总的来看，没有发生违反中央八项规定和公司规章制度的情况。因公出差，严格要求自己，做到不该吃的饭不吃，不该花的钱不花，出差全部坐经济舱、买打折票、住三星级以下宾馆，从未收受任何合作单位赠送的礼品和特产等。

四、缜密组织谋划，认真履行工作任务

一是顺利完成业务指标、积极维护拓展用户。首先，经过不懈努力，用户数量大幅增加，较去年增加×%，实现公司业务收入年增长××万元，顺利完成了公司的考核指标。其次，除了维护好本省客户，还积极拓展国内别的区域的客户，现已成功获取××地区×%的市场份额，超额完成年度利润目标。

二是严格做好疫情防控，经营防疫两手抓。自××月份起，落实公司防疫办的要求，第一时间制定并严格执行《预防新型冠状病毒感染肺炎的应急预案》

《关于新型冠状病毒感染肺炎疫情防控期间工作安排》，及时排查内部与高风险区人员的接触情况，并如实上报排查结果。疫情紧急期间，为保障工作进行，多次召开全员在线视频会议，既有效避免疫情传播，又保障工作任务按时完成。

三是健全完善制度流程，加强内控管理。首先，每月召开月度例会，梳理总结上月的工作完成情况，安排部署下一步重点工作，并将安排转化成任务清单，明确责任人和时间节点，纳入绩效考核，保障工作落实到人，有效推进。其次，健全管理制度，印发了各项制度，完善“三重一大”决策运行系统信息。最后，优化内部职能机构，细化部门主要职责，明确部门工作任务，调整人员分配编制，确保机构完善，人尽其用。

今年以来，本人按照公司年初制订的目标和要求，比较圆满地完成了本职工作，但距公司领导的要求，还有一定差距，决心在新的一年里，加倍努力，尽心尽职，不负公司的要求和期望，为推动公司业务快速发展积极努力。

述职者：×××

××××年××月××日

1.3.4　调研报告

调研报告，是对某个事件、某个问题、某项工作等，经过深入、细致周密的调查研究和分析综合之后，把调查得出的情况和结论，以书面形式向有关部门汇报的文体。

调研报告的特点

调研报告的特点是写实性、针对性和时效性。写实性，就是调研报告是在占有大量现实和资料的基础上，用叙述性的语言实事求是地反映客观事物。只有充分了解实情和全面掌握真实可靠的素材，才能写好调研报告。针对性，调研报告一般有比较明确的意向，调研过程也是针对和围绕某一综合性或是专题性问题展开的。时效性，决定了调研报告在特定时间内是否有效。

调研报告的种类

根据调研报告的内容和作用，划分为反映情况的调研报告、推广经验的调研报告、揭露问题的调研报告等。

（1）反映情况的调研报告。

是对整个社会的政治、经济、文化、教育、卫生、群众生活、民风民俗等方面的状况进行调研、分析、研究，作出正确的判断与估计，以此作为党和政府研究、制定方针政策的参考。

（2）推广经验的调研报告。

是对工作开展卓有成效的单位、部门或地区的工作情况进行调查，给人以新的启发和借鉴。

（3）揭露问题的调研报告。

是对现实生活和工作中存在的带倾向的问题和各种弊端进行揭露，分析其成因与危害，提出解决问题的办法与避免同类问题发生的措施，旨在引起社会或有关部门的关注和警觉，切实解决问题。

调研报告的结构

调研报告的结构一般包括标题、正文和落款三部分。

（1）标题。

调研报告的标题主要有三种写法。

第一种是公文式，由被调研单位、调研事由和文种组成，如《关于××社区宣传工作情况的调研报告》。有时“关于”和“报告”也可省略。

第二种是正副标题式，正标题是调研报告的思想意义，副标题采用公文式，说明调研报告的事项和范围，如《打造高效规范的产权市场 服务国企改革大局——关于××市产权交易中运营体制改革的调研报告》。

第三种是文章式，此类标题较灵活，可以直接概括文章内容，揭示主题，还可以采用提问式，如《他山之石，可以攻玉》等。

（2）正文。

正文一般包括开头、调研内容和结尾三部分。

- 开头

开头是对调研方式进行简单介绍，包括调研起因、目的、时间、地点、对象、经过、方法、形势、背景、意义等，要求简明通畅，概括性强，也不必面面俱到，侧重点根据具体的调研目的来确定。

- 调研内容

此内容是正文的主体部分，也是调研报告最主要的部分，主要写清调研的主要内容并分析原因，详细说明调研过程，确定逻辑主线，安排结构层次，有序引入主题。拟写时可采用以下三种方法。

第一种是时序式，即按照事物发展的自然顺序陈述调查对象的情况，反映出调研对象发展的全过程及特点。这种方式的优点是能够给人以完整的印象，适用于调研对象较为简单，事物发展过程与阶段性明显的调研报告。

第二种是递进式，即按照事理的逻辑联系和人们认识事物的思维进程来写，逻辑严密，说服力强，需要把握好层次之间的逻辑关系，使其符合事物发展的内在规律。这种方式适用性强，可用于各类型的调研报告。在实际工作中，更多地应用于揭露问题的调研报告。

第三种是并列式，即将调研材料归纳为几个并列的部分，分部分来说明陈述。各部分之间是相对独立的，又共同表达中心意旨，部分之间有一种内在联系。这种方式纲目分明，内容集中，重点突出，常用于反映情况、推广经验的调研报告。

调研报告反映事物或事件发展的全过程，并要进行恰切有力的分析，找出根源，提出下一步工作意见。既要提出问题，又要解决问题；既要摆事实，又要讲道理；既要以材料说明观点，又要用观点统率材料。因此，在撰写时必须提前精心设计组织架构，以合理有效地使用所获取的材料，更好地突出全文的主旨。

- 结尾

结尾是调研报告分析问题、解决问题的必然结果。调研报告的结尾是必不可少的，体现着调研报告的价值。结论的写法主要有以下三种：第一种是针对调研内容，提出意见或深入研究的问题。第二种是根据全文的基本思想，深化报告主题，以提高人们的认识。第三种是补充式结尾。有些情况和问题，与调研报告的中心内容和主旨关系不大，在正文部分没有提及但又需要讲清的，可以在结尾处加以补充说明。

无论哪种写法，都力求简洁准确。如果主体部分已说明清楚了调研对象的情况，并圆满地表达了主旨，也可以不写结尾。

（3）落款。

正文的右下方签署参与调研报告的小组名称或个人姓名，并标明成文时间。

例文：

关于乡村振兴战略背景下农村劳动力流失情况的调研报告

党中央国务院一直高度重视“三农”问题，连续18年出台中央一号文件，聚焦“三农”问题，出台实施粮食直补、良种补贴、农资综合补贴、农机具购置补贴、提高粮食最低收购价等一系列惠农政策措施，可以说农业农村基础得到了夯实，农民生活水平得到了明显提高。但调研发现，农村劳动力的严重流失，这是西部欠发达地区农村的一个普遍现象，值得各级政府和社会关注。以L乡的调研情况作分析。

一、劳动力流失现状

L乡属于典型纯农业乡镇，地处泾河流域。全乡共有耕地2.7万多亩，其中山地2.3万多亩，川地0.3万多亩。现有12个行政村81个村民小组3930户1.6万多人，外出务工人口约4000余人，占总人口的24 %，外出务工人员年龄集中在18—50岁，约占这个年龄段总人数的52%。有技术、有能力、有经验的青壮年劳动力流失严重。

二、劳动力流失的主要原因

从实地走访调查看，家庭收入低、待在农村无事可做、希望子女受到更好的教育是农民外出务工的主要原因，分别占被调查者总数的36.7%、25%和10.3%，总体达到70%。此外还有生产效益低、城市诱惑大、农村发展滞后等原因。

（1）家庭收入低。

（2）劳动力饱和。

（3）生产效益低。

（4）农村发展滞后。

（5）城市诱惑大。

（6）为后代创造好条件。

三、外出务工对流出地的影响

1.积极效应

（1）增加了家庭收入。

（2）使当地人眼界开阔。

（3）促进了当地发展。

2.消极影响

（1） 耕地利用率下降。

（2）使当地政府负担加重。

（3）对留守儿童成长不利。

（4）留守老年人身边无人赡养。

（5）留守妇女问题影响家庭和睦。

（6）不利于当地发展。

四、化解农村劳动力流失对农村造成负面影响的对策

解决农村劳动力流失问题的思路，就是要使农村留得住人，村民愿意留下来，具体来说，就是能挣到钱、有好的生产生活环境。从这个思路出发，可以从以下几个方面予以加强。

（1）加强农村基础设施建设。

（2）鼓励规模经营。

（3）加强乡镇企业建设。

（4）加强寄宿制学校建设。

（5）加强对农民的培训。

××调研小组（盖章）

××××年××月××日

1.3.5 领导讲话

领导讲话，从狭义上来说，是指各级领导在各种重要会议上作带有指示或指导性讲话的文稿。由此可见，讲话人的身份是领导，讲话的内容具有一定指导性、总结性和号召性，而且所发表的意见也体现着所处单位的意图和旨意。

讲话稿的特点

讲话稿的特点是指导性、灵活性和明确性。指导性，就是领导的站位并不是下属所及的，所以领导讲话稿中的内容多是更高层次、具有规划性、前瞻性的战略部署，对日后的工作具有极其重要的指导作用。灵活性，就是讲话稿是需根据听讲的对象不同而及时调整稿件的基调，面对人民群众要通俗易懂，轻松自然，在正式会议上作讲话，则需要简洁凝练，意味深刻。明确性，就是在不同的场合，根据不同的需要，讲话稿的内容有所不同，即“因境而讲”。

讲话稿的分类

按照讲话稿的适用范围，划分为规范式讲话稿、灵活式讲话稿两种。规范式讲话稿，一般适用于党的法定会议上的工作报告。灵活式讲话稿，相对没那么正式，一般适用于活动开（闭）幕式、非法定会议、开学典礼等。

写讲话稿要注意的问题

首先要考虑听讲的对象，面对党政领导干部，内容要正式严肃，面对人民群众，讲话稿就要尽量生动简洁，偏口语化，使听众听得懂、记得住。

主题集中，条理分明，重点突出，给人以深刻的印象。

语言简洁易懂，句子不宜太长。

讲话稿的结构

讲话稿的结构一般包括标题、正文、结语三个部分。

（1）标题。

标题一般有两种形式：

第一种是由讲话人姓名、会议名称、文种组成，有时可省略讲话人姓名，如《在庆祝中国共产党成立100周年大会上的讲话》。

第二种是一般采用正、副标题的写法，正标题揭示讲话的中心思想，副标题写明什么人在什么会议上的报告，有时会省略副标题，只写正标题，如《一个国家、一个民族不能没有灵魂》。标题下写明报告的具体日期，日期下面写报告人姓名。

在标题的下一行顶格写报告对象的称呼，通常会使用“同志们”“同胞们”“朋友们”“女士们，先生们”等。

（2）正文。

正文的结构分为开头、主体两部分。

开头，先对报告的内容作简要概括，接着写“现报告如下，请予审议”，也有的报告在开头就直接提起下文。

主体，一般分为形势和任务两部分。先分析当前的形势，说明在这样的形势下所做的工作，今后还要通过怎样的努力实现何种目标等。为使结构层次清晰，一般情况下，主体部分会根据涉及不同的版块，来分成几个专题来写。

（3）结语。

结语，一般写希望、要求和号召。为了实现未来的目标，要有针对性地提出希望和要求，并以简短的、鼓舞人心的号召作收尾。如“同志们，在××形势下，我们为××而奋斗”“让我们向着××前进吧”“如有不妥，请批评指正”。

对于规范式讲话稿来说，须严格按照上述格式来写；对于灵活式讲话稿来说，写作方式相对灵活，开头可以直截了当，语言偏口语化一些，句子相对短一些易于听众理解等。

例文：

坚定不移走高质量发展之路
奋力夺取“××五”开局之年新胜利

总经理 ×××

××××年××月××日

同志们：

刚刚过去的××××年，××公司以习近平新时代中国特色社会主义思想为指导，全面贯彻党的十九大和十九届二中、三中、四中、五中、六中全会精神，锐意进取，主动作为，攻坚克难，各项工作取得了新进展，多项指标创近年来最好水平，交出了极不平凡的成绩单。

回顾过去的一年，我们真抓实干、同心攻坚，做了大量艰苦细致、卓有成效的工作：

一、××××年工作回顾

（一）全力抓好生产组织，主要产品指标创新高

……

（二）全力实施提质增效，经营业绩大幅增长

……

（三）全力推进改革调整，企业管理效能得到强化

……

（四）全力推进专项工作，取得突破性进展

……

（五）全力推进科技创新，“××”活动深入开展

……

（六）全力打赢污染防治攻坚战，生态环保质量有效改善

……

（七）全力推动共建共享，实现更有温度发展

……

（八）全面加强党的建设，有力保障公司改革发展

……

二、面临的形势和困难

一是××仍然是困扰公司可持续发展的最大障碍；二是××等制约企业长远发展的难点问题亟待解决；三是××等持续加压对公司生产经营带来诸多不确定性影响；四是效率、成本、用工等全要素劳动生产率相对较低；五是管理体制、机制、技术和改革创新仍存在不充分不平衡；六是员工队伍老化、一线人员紧缺、人才流失加速等问题凸显。

三、××××年工作要点

围绕××××年总体工作思路和工作目标任务，重点做好以下工作：

（一）坚守安全底线，开创长治久安新局面

……

（二）发挥协同效应，拓展主责主业新空间

……

（三）坚持目标牵引，迈出转型升级新步伐

……

（四）对标世界一流，激发深化改革新活力

……

（五）加大科技创新，增强创新驱动新动能

……

（六）加强队伍建设，打造核心竞争新优势

……

（七）建设绿色企业，展现生态文明新气象

……

同志们，越是伟大的事业，越充满艰难险阻，越需要艰苦奋斗。惟奋斗者进，惟奋斗者强，惟奋斗者胜。一年春作首，万事勤为先。展望新的一年，让我们进一步统一思想、坚定信心，乘风破浪、顺势勇为，决战决胜，奋力推动公司高质量发展再上新台阶，以优异的成绩喜迎党的二十大！

1.3.6 规章制度

规章制度，是国家机关、业务主管部门、社会团体或其他组织机构所制定的，在一定的范围内要求有关人员共同遵守的实用文体。规章制度是党和国家的方针、政策的具体化，具有法规的效力，它对人们的行为具有指导和约束作用，是人们的行动准则和依据。规章制度不是法定的行政公文，一般不受法定公文格式规范的约束（其中“条例”“规定”为党的机关公文除外）。

规章制度的特点

规章制度的特点是规范性、强制性、权威性。规范性，是指规章制度具有规范的性质，明确规定了什么应该做、什么不应该做，成为一种行为准则。强制性，是规章制度一旦发布生效，就具有强制执行效力，相关单位和人员必须严格遵守执行。权威性，是指规章制度一旦制定了就必须贯彻执行，未经规定程序，不得随意变更。

规章制度的种类

按照拟制规章制度的权限，划分为：章程、条例、规定、办法、守则、规则、公约、细则。

（1）章程。

章程，是各种社会组织用于规定自身的性质、宗旨、任务、组织机构、组成人员及其活动规则等事项的文书。章程是各种社会组织的根本性的规章制度，全体成员必须遵守的工作、行为准则，对全体成员有组织约束力。如《中国共产党章程》《××有限公司章程》等。国家行政机关及其职能部门一般不使用章程这一文件。

（2）条例。

条例，是社会组织对某一方面的工作或某一重大事项的处理方式，及对组织的宗旨、任务和成员的职责权限等作出规定的指令性文书。如《党政机关公文处理条例》是适用于党的中央组织制定规范党组织的工作、活动和党员行为的规章制度。

国务院第321号令公布的《行政法规制定程序条例》（2002施行）："国务院各部门和地方人民政府制定的规章不得称'条例'。"《中华人民共和国立法法》第66条规定："民族自治地方的人民代表大会有权依照当地民族的政治、经济和文化的特点，制定自治条例和单行条例。"

由此可见，能制定"条例"的机关仅限于：党的中央机关，国务院，全国人大，省级人大及其常委会。

（3）规定。

规定，是针对某一事项或活动提出要求，并制定相应措施，要求有关人员贯彻执行的一种文书。规定针对性比较强，具有原则性，但不如条例那样系统、全面、稳定。任何一个机关单位都可以根据自己的权限制定规定。如《××市道路交通安全管理规定》。

（4）办法。

办法，是法定机关及其他社会组织根据党和国家的方针、政策及有关法规、条例，就某一方面的工作或问题提出具体做法和要求的文件。办法是比较具体的规定，有些办法就是对"条例"的进一步具体规定，故具有操作性和规定性，如《××省实施〈地方治安工作条例〉办法》。

"办法"的稳定性不如条例、规定，因此，常以"暂行办法""试行办法"的形式出现，并不断修改完善。"办法"的语言没有"法""条例"中的语言那么肯定、果断，而是采取原则性与灵活性相结合的原则，给执行者一定的自主权，例如，常用的字词有"应、应该、可、可以、要"等，以充分调动执行者的积极性。

（5）守则。

守则，是法定机关及其他社会团体成员所共同依循的行为准则，是用以规范人们的行为方式的文书。守则通用于某一社会行业或社会群体，也可以在单位或部门内部使用，如《教师守则》《中学生守则》。

（6）规则。

规则，是国家机关、团体、企事业单位为维护公众利益，对某一事项制定的原则性规定，如《城市交通规则》。

（7）公约。

公约，是群众在自觉的基础上共同商定的对某一事项作出的具体要求，如《卫生公约》等。

（8）细则。

细则，是为了贯彻执行条例中某条款或某几条条款制定的详细规则，如《实施细则》。

写规章制度时需要注意的问题

规章制度需要格式规范，更需要正确的内容和恰当的表达形式、语体风格。

合法制定，切实可行。内容必须符合党和国家的方针政策、法律、法令，切合实际，可操作性强，以便贯彻执行。

严谨规范，条理清晰。形式必须采用章断条连式或条项式结构，不宜采用其他文学性的结构形式。

准确精要，字斟句酌，切忌使用文学化的语言。

规章制度的结构

规章制度一般由标题、签注、正文三部分组成。

（1）标题。

规章制度的标题形式，常见的有以下三种。

第一种是由组织名称、文种组成。如《××公司章程》。

第二种是公文标题式，由发文机关、发文事由和文种组成，如《××公司关于××运营的试行规定》。

第三种是由适用对象（或适用范围）、文种组成，如《档案管理条例》。

（2）签注。

签注，即签署、注明发文机关和日期。这是表明文件的权威性和效力的标志。

法规性很强的重要规章制度，一般都在标题之下、正文之前以括号形式标注“何时经何机关（会议）通过或批准、发布，如“（××××年××月××日××省人大常委会第二次会议通过）”。

（3）正文。

正文一般采用章断条连式和条项贯通式两种结构形式。

章断条连式，简称章条式，也称“三则式”。把全文分为若干章，各章之下的条目前后相连，即所有条目从第一章第一条开始直到最后一章最后一条，自始至终连续编排序号，这就是所谓章断条连式结构。因这种结构把全文分为总则、分则、附则三部分，第一章为总则，中间各章统称为分则，最后一章为附则，所以又称为三则式结构。这种结构形式适合于内容较为繁杂的规章制度，如《党政机关公文处理工作条例》。

条项贯通式，简称条项式。这种结构形式，全文从头至尾不分章节，而以条目贯穿到底，条目之下按序号可列出相关的款项，故称条项贯通式，如《××公司“三项”费用控制管理办法》。

例文：

××公司“三项”费用控制管理办法

第一条　为规范办公费、招待费、差旅费（简称“三项”费用）的使用、管理和控制，有效控制各项费用指标，提升我公司企业管理水平，特制定本办法。

第二条　“三项”费用的主管部门为行政管理部。

第三条　“三项”费用实行指标分解，限额管理。我公司采取将年度指标按考核周期分解到季度、半年度，务必保证不超考核限额。

第四条　办公费管理。原则上，行政管理部负责每季度进行一次办公用品计划管理、集中采购，期间可根据业务需要，临时采购。行政管理部建立办公用品采购、入库、出库台账，并执行签字领用手续，并于每月25日前汇总，统计本月办公费、累计办公费等指标，通过线上办公系统提交公司领导。

第五条　招待费管理。对外业务招待一般由行政管理部统一安排和集中报销，须执行事前审批或请示制度。招待范围、标准、发票申请等有关事宜，严格执行我公司招待费报销规定，严禁铺张浪费，严禁超标准接待。

行政管理部建立招待费支出台账，如实记录每一笔招待费使用情况，并于每月25日前汇总，统计本月招待费、累计招待费等指标，提交公司领导。

第六条　差旅费管理。差旅费报销严格执行我公司差旅费报销规定。鉴于各部门不同的公出需要，各部门各自建立差旅费登记台账，如实记录每一笔差旅费报销明细，并于每月25日前汇总，统计本月差旅费、累计差旅费等指标，提交公司领导，同时抄送行政管理部。

第七条　行政管理部做好“三项”费用管理，做到流程清晰透明、方便快捷、报销合法合规、真实准确，做到费用有效控制，确保季度/半年度/全年度考核指标不超限。

第八条　本办法于印发之日起执行。

1.3.7　合同和协议

合同和协议在企业的日常经营活动中，运用十分广泛，常涉及技术转让、产品购销、设备采购、项目合作等方面。

合同，从法律上看，是平等主体的自然人、法人、其他组织之间，设立、变更、终止民事权利义务关系的协议。企业常用的合同，是企业主体之间，关

于在经营活动中的事项、问题等达成一致，并明确权利义务的文书。

合同的特点

合同的特点是平等性、自愿性、规范性、强制性。平等性，是指签订合同的各方主体在法律上是平等的。自愿性，是指签订合同的各方主体是自愿的。规范性，是指合同订立的格式要遵循一定的规范。强制性，是指合同一旦签订，是具有法律效力的，签订合同的各方主体必须遵守。

合同的种类

根据当事人双方权利义务的分担方式，划分为：双务合同与单务合同。

根据当事人取得权利是否以偿付为代价，划分为：有偿合同与无偿合同。有偿合同需要支付代价，而无偿合同则不需要。

根据合同的成立是否以交付标的物为要件，划分为：诺成合同与实践合同。

根据合同的成立是否需要特定的形式，划分为：要式合同与不要式合同。

写合同时需要注意的问题

（1）逻辑清晰，按照法规及规范，分段落、分层次拟写合同。

（2）用词准确，不得使用含糊的、模棱两可的词语，避免产生歧义。

（3）语句扼要，简明易懂，让读的人一目了然。

（4）数字的使用，既要有阿拉伯数字，又要有大写汉字。

合同的结构

合同的结构分为标题、首部、正文和落款四部分。

（1）标题。

标题的拟制有三种形式，第一种是由“性质+文种”构成，如《采购合同》；第二种是由“时限+性质+文种”构成，如《2020年上半年销售合同》；第三种是由“标的+性质+文种”构成，如《办公用品采购合同》等。

（2）首部。

写明当事人的名称或姓名。

（3）正文。

正文包括引言和主体两部分。引言，一般应写明签订合同的目的。主体，写合同条款，一般包括法定条款和其他条款。

法定条款一般包括：合同的标的，数量和质量，借款和酬金，履行期限、地点和方式，违约责任和争议的解决方法。其中，合同的标的，指当事人的共同指向的对象，可以是货物、劳务、工程项目、智力成果。

其他条款，一般是规定合同的有效期及其他未尽事宜，包括是否有附件，如有附件，需注明附件的名称及份数。

（4）落款。

双方当事人签名，盖章，双方单位地址，电话号码，传真号码，邮政编码，双方的开户银行账号、签订日期。

例文：

工程承包合同

发包方：A公司（以下简称甲方）

承包方：B公司（以下简称乙方）

根据《中华人民共和国民法典》等相关法律法规及甲方要求，就乙方承包甲方________事宜，经过协商一致，签订本合同。

一、承包内容

1.1 乙方承包甲方________________等项目，按甲方工作安排组织人员、材料，完成甲方规定的工作内容。

合同承包期限：______年______月______日到______年______月______日

1.2 承包指标：

二、甲方工作

2.1 甲方负责……

……

三、乙方工作

3.1 乙方负责……

……

四、承包费用及支付方法

4.1 乙方完成本合同期限内的所有工作，最终总承包费用为________万元（不含税），大写人民币：________________________。

4.2 支付方式：本合同签订并生效后，乙方开增值税专用发票后，甲方出具对合同中关键条款执行情况确认，甲方按照考核结果按季度支付乙方承包费用。

4.3 甲方以现金或银行承兑汇票支付合同费用。

五、违约责任

5.1 甲乙双方的任何一方不履行或不完全履行合同中的义务均构成违约。

5.2 若乙方不服从甲方的调度、指挥，影响甲方正常生产，对乙方按照相关制度进行处罚。

5.3 若乙方未按相关制度及甲方要求，对所承包运营的设备进行操作、维修及保养，甲方将扣除当月承包费用的10%作为违约金。

5.4 承包期间，由于乙方原因造成甲方设备损坏的，按照双方认可的损坏价值原价赔偿，赔偿金从承包费用中扣除。

5.5 承包期满，乙方交还甲方的设备、设施等如达不到甲方合同附件的技术要求或不符合检验标准，乙方按实际发生的损失赔偿甲方。

六、争议解决办法

在合同执行过程中发生争议，双方应协商解决；协商不成或不愿协商，向甲方住所地人民法院提起诉讼。

七、附则

7.1 本合同自双方法定代表人或授权委托人签字并加盖单位章后生效，双方履行完合同规定的权利义务后自行终止（或甲方视实际情况能自行完成本合同工作时，甲方有权通知乙方随时终止合同）。

7.2 本合同两份，双方各执一份。

7.3 本合同未尽事宜，按《中华人民共和国民法典》执行。

7.4 本合同附件为本合同的有效组成部分，与本合同具有同等法律效力。

发包方：（章）	承包方：（章）
A公司	B公司
法定代表人：	法定代表人：
或	或
委托代理人：	委托代理人：
联系人：	联系人：
电话：	电话：
开户银行：	开户银行：
账号：	账号：

签订时间：

签订地点：

企业常用的协议，是指企业及各主体之间，针对业务往来过程中产生的某些问题，进行谈判、协商，取得一致意见后形成的契约文书。

协议的特点

协议的特点是指导性、自愿性、强制性。指导性，是指各方就某些问题的协商在原则上达成一致，具体的权利义务关系还需进一步以合同的形式明确。自愿性，是指订立协议的各方是自愿签订的。强制性，是指协议一旦签订，是具有法律约束力的，各方主体必须遵守。

协议的种类

按照协议的格式不同，划分为表格式协议、条文式协议、叙述式协议

三种。

（1）表格式协议。

适用于生产或财产类的协议，因涉及产品或财产的确切规格、指标、数量、名称等，采用表格式利于详细列出，清晰、准确。

（2）条文式协议。

适用于工程技术、收养、赡养等内容较为繁杂的协议，将各方当事人的权利义务分项列出，条款清晰，便于查阅，也便于监督执行。

（3）叙述式协议。

适用于内容较简单的协议，如子女过继、捐赠、赔偿等，用于把事情的来龙去脉等表达清楚。

写协议需要注意的问题

逻辑清晰，协议也具有法律效力，需遵守法规及相关规定。

用词准确，不得使用含糊的、模棱两可的词语，避免产生歧义。

语言简短扼要，通俗易懂，让人一目了然。

约定违约责任和解决争议的办法。

协议的结构

协议的结构分为标题、正文和落款三部分。

（1）标题。

标题的拟制有三种形式，第一种是只有文种，如《协议书》；第二种是由“内容+文种”构成，如《工程协议书》《合作协议书》《捐赠协议书》等；第三种是用“当事人+内容+文种”构成，如《A公司与B公司关于××项目合作的协议书》等。

（2）正文。

正文，包括前言和主体两部分。前言，写明签订协议的当事人的全称、签订时间、地点、人员和签订原因、目的等。主体，写明商定的内容，视具体情况选择表格式、条文式、叙述式或几者结合，一般包括：项目的内容与规格、指标，合作的方式，双方或各方的权利、义务，准备阶段的技术工作、工作日程等，同时应写明双方履行的行为约束。

（3）落款。

右下方写明协议人单位名称、签订日期，并签字盖章。

合同与协议的区别

合同的内容明确、详细、具体，协议的内容相对简单、概括、原则。

合同中肯定有违约条款和争议解决条款，而协议中一般没有。

协议比合同的应用范围广，协议所涉及的项目往往比合同所涉及的项目要大，内容却不如合同具体。因此，协议书签订以后，往往还要细分出一些专门合同来细化落实。

当协议和合同在同一合作事项中同时使用时，协议不及合同的法律效力大。

例文：

合作协议书

甲方：________________

乙方：________________

甲、乙双方本着自愿、平等、公平、诚实、信用的原则，经友好协商，根据中华人民共和国有关法律、法规的规定签订本协议，由双方共同遵守。

第一条 协议范围内，双方的关系确定为合作关系。

第二条 合作方式与内容：甲方为乙方无偿提供________________，乙方为甲方提供________________。

第三条 有效期从__________年________月________日至__________年________月________日，由签约日计起。除非本协议提前终止，乙方可在协议有效期满前三个月向甲方提出延长协议合作的书面请求，经甲方同意，可以续签《____________________合作协议书》。

第四条 甲方不得擅自终止本协议，否则按市场价格赔偿乙方先前所提供的一切服务所产生的费用。

第五条 如双方因不可抗力，或非双方所能控制或所能预见事件的发生，包括自然灾害、战争、政府行为、社会骚乱等情况而不能履行其业务，本协议的履行可以终止。如果发生不可抗力事件，援引不可抗力的当事人必须在15天内或通讯障碍消除之日起______天内以书面的方式，必要时以传真或电传的方式，立即通知另一方当事人该事件的发生。

本协议受中华人民共和国法律的管辖。

第六条 如果产生有关本协议的存在、效力、履行、解释、终止的争议，双方应通过友好协商解决，如果争议发生之日起三个月内通过协商不能解决的，或者任何一方拒绝协商的，则任何一方均可诉请本协议签订地人民法院裁决。

第七条 本协议一式两份，甲乙双方签字之日起生效。双方各执一份，具有同等法律效力。本协议为合作框架协议，合作项目中具体事宜需在正式合同中进一步予以明确。框架协议与正式合作合同构成不可分割的整体，作为甲乙双方合作的法律文件。

甲方：（盖章） 乙方：（盖章）

委托人：（签字）__________ 委托人：（签字）__________

签订日期：______________ 签订日期：______________

1.3.8 招、投标书

企业的生产运营活动，涉及各种各样的工程项目，这些项目绝大多数以竞标的方式来确定施工企业。招投标书，就是竞标所涉及的书面材料。

招标，是指招标人对货物、工程和服务事先公布采购的条件和要求，邀请投标人参加投标，招标人按照规定的程序确定中标人的行为。招标中所用的招标文件通常包括：招标邀请书、投标人须知、评标办法、合同条款、工程技术要求、投标文件格式等。本节所讲的招标书就是招标文件中的招标邀请书。

招标书的特点

招标书的特点是规范性、竞争性、时限性。规范性，是指招标书的内容须符合相关法律法规及行业规范。3竞争性，是指发布招标书，就是为了使投标方展开竞争，从而选出最符合招标方需求的投标方。时限性，是指招标书发布后，在一定的时限内找到最优投标方。

招标书的种类

按照招标书的内容及性质，划分为：企业承包招标书、工程招标书、大宗商品招标书等。

写招标书时需要注意的问题

（1）严格遵守相关法律规范。

招标书的内容要严格依据我国相关法律法规及行业标准。

（2）明确说明招标方需求。

明确了需求，投标方才能按照需求进行合理竞争，才能真正选出符合要求的投标方。

（3）注意保密。

在拟制招标书时，切忌把涉密信息写到招标书中。

（4）语言要严谨。

企业的招标具有严肃性和公正性，招标书的语言也必须周密严谨、符合规范。

招标书的结构

招标书的结构一般包括标题、编号、正文、尾部四部分。

（1）标题。

标题的拟制一般有三种形式。第一种是由“招标方名称+事由+文种”构成，如《××公司×号厂房扩建工程招标书》；第二种是由“事由+文种”构成，如《改建装修招标书》；第三种是直接写文种，如《招标书》。

（2）编号。

在标题下方正中央位置写明招标书编号，以便查询归档。

（3）正文。

招标书的正文包括引言、主体、步骤三部分。

- 引言：主要交代清楚招标的原因、项目名称和规模、范围等内容。
- 主体：对招标项目的具体情况进行介绍，包括所需的各项指标、规模、截止时间等。
- 步骤：主要说明招标的具体过程，包括报名及资格审查、接受标书、开标等内容。

（4）尾部。

写清楚招标方的名称、地址、电话、联系人等内容。

例文：

××××建设项目招标书

编号：×××

A公司（以下简称“招标代理机构”）受B公司（以下简称“招标人”）委托，就B公司××××建设工程进行国内邀请招标，邀请合格的潜在投标人参加投标。

一、项目概况与招标范围

本次招标具体内容如下：

1. 本次招标为××××建设工程，其主要内容为：

……

2. 资金来源：

……

3. 计划工期：

……

4. 建设地点：

……

5. 最高投标限价：

……

二、投标人的资格要求

1. 具备××工程专业承包三级及以上或××工程施工总承包三级及以上。

2. 本项目不接受联合体投标。

三、投标购标和招标文件获取

1. 报名流程：

（1）投标人须在“××网”上免费注册成为会员；

（2）投标人成为会员后，登录系统，按顺序点击“报名管理”“投标报名”，查看公告；

（3）投标人根据页面提示填写投标确认函；

（4）投标人点击“投标管理”－“购买招标文件”，在线支付采购文件费用，支付成功后即可下载采购文件。

2. 招标文件售价：××元，售后不退。

3. 招标文件购买及下载时间：××××年××月××日××时至××××年××月××日××时。

4. 投标人须下载客户端在网上制作电子版投标文件，并上传到系统中。

四、投标文件递交

本次招标为网上开标。

电子版投标文件应于××××年××月××日××时之前上传到“××网”系统中进行网上递交。

纸质版投标文件须封装，并于开标后5个工作日内邮寄至××××。纸质版与电子版内容不一致时，以电子版投标文件为准。电子版投标文件未按招标要求签字盖章或内容不全的，投标将被否决。

五、网上开标

定于××××年××月××日，在“××网”网上开标大厅公开开标，届时投标人应在线参加开标会议，完成签到、解密、确认和签名步骤。

六、招标人和招标代理机构联系方式

招标人：B公司

地址：

招标代理机构：A公司

地址：

邮编：

联系人及电话：

邮箱：

客户服务：

工作时间：

联系电话：

投标，是指投标人按照招标人提出的要求和条件，参加投标竞争的行为。投标时，投标人需按照招标文件的要求递交投标文件，投标文件的格式在绝大多数招标文件中已经进行了规范与明确。招标文件一般包括：投标书及投标书附录、法定代表人身份证明、投标报价、投标文件商务部分及投标文件技术部分。

投标书的特点

投标书的特点是针对性、时限性、逻辑性、严谨性。针对性，是指投标书的内容必须是针对招标书的相关要求进行拟制。时限性，投标方要在招标方规定的时间内拟制投标书并完成投标。逻辑性，投标书要逻辑性强，内容符合法律规范和一般常识。严谨性，是指投标书的语言要精确严谨，避免模糊词语的使用。

投标书的种类

按照投标书的内容，可将其划分为：技术标和商务标。技术标是标书中有关技术的部分，包括技术方案、产品技术资料、实施计划等内容。商务标是标书中有关商务的部分，包括投标人基本情况、资格证明文件等内容。

写投标书时需要注意的问题

认真研究招标书，注意招标单位的特别要求。

认真核对报价等数字部分，尤其是涉及金额等内容。

准确把控时间节点，对投标书中所写的时间进度进行规划研究，确保可控可行。

明确规定好实施的细节，不能出现“力求”“争取”等模糊的词汇。

投标书的结构

投标书的结构一般包括标题、主送机关、正文、落款四部分。

（1）标题。

投标书的标题有三种形式，第一种是“投标方名称+事由+文种”，如《××公司厂房扩建工程投标书》；第二种是“事由+文种”，如《改建装修投标书》；第三种是直接写文种，如《投标书》。

（2）主送机关。

主送机关写招标单位名称，顶格写在正文上方、标题下方。

（3）正文。

正文包括引言、主体、附件三部分。

引言：主要交代投标方案的总体指导思想、依据和投标态度等。

主体：重点交代所投目标工程或项目所涉及的各项指标、时间节点、投标方的义务与责任、投标方对依法履约的态度、投标方对招标单位相关要求的理解等内容。

附件：一般情况下，将投标书应附带文件的正本、副本按照要求附在后面。若招标单位有其他规定的，一切以招标单位说明为准。

（4）落款。

写明投标方的名称、地址、联系人等内容。

例文：

投标书

B公司：

1. 我方已仔细研究了××××建设工程项目招标文件的全部内容，愿意以人民币（大写）______万元（¥______）的投标总报价（不含税），工期______日历天，按合同约定实施和完成承包工程，修补工程中的任何缺陷，工程质量达到________________。

2. 投标有效期为自开标之日起______日历天，我方的投标文件对我方是具有约束力的，并且可以根据合同谈判的结果进行修改。一旦中标，我方承诺按照你方的要求开工，并在我方承诺的时间期限内完成招标文件中要求的全部工作。

3. 如我方中标：

（1）我方承诺在收到中标通知书后，在中标通知书规定的期限内与你方签订合同。

（2）随同本投标书递交的投标书附录属于合同文件的组成部分。

（3）我方承诺按照招标文件规定向你方递交履约担保。

（4）我方承诺在合同约定的期限内完成并移交全部合同工程。

4. 我方在此声明，所递交的投标文件及有关资料内容完整、真实和准确。

投 标 人：　　　　　　（盖单位章）

法定代表人或其委托代理人：　　　　　　（签字）

地址：

年　　月　　日

1.3.9 新闻稿件

我们常说的新闻稿件有消息、通讯、评论、人物专访等。在企业的宣传活动中，最常用到的新闻稿件是消息和通讯。

消息，就是以简洁的文字、最快的速度传播最新变动的事实，包括最新已发生的和即将要发生的事实。

消息的特点

消息的特点是及时性、真实性、简短性。及时性，就是指写稿、发稿要迅速、及时。真实性，是指所报道的事实必须是真实可靠，写稿前把事实的各要素核实清楚，确保真实无误。简短性，就是篇幅短，用简洁的文字将内容全部说清楚，讲求短而实。

一般来说，消息具备“五要素”：何时、何地、何人、何事、何故（也称“五个W”）。

消息的种类

根据消息所反映的内容，可以分为简明消息、动态消息、综合消息和经验消息四种。

（1）简明消息。

侧重简练、短小，只报道一件事实，一般不交代背景，也不写详细内容，篇幅很小。

（2）动态消息。

迅速、简短地反映企业最新发生的重大工作、重要活动中的出现的新情况、新动态、新成就、新问题，文字简短，内容广阔。

（3）综合消息。

把发生在不同时间、不同地点、不同单位、各具特色、性质相同的事实综合在一起，并综合体现出一个主题的报道，既有全面的情况概括，又有典型材料作支撑。

（4）经验消息。

对一些具体部门、单位、行业的典型经验、成功做法集中报道的一种消息，意在介绍经验、做法之后，总结经验，揭示规律，以达到以点带面，推动工作的目的。

写消息时需要注意的问题

事实要准确。所报道的消息，一定是真实发生的，而且要把事件各要素核对准确无误。

速度要快。新闻讲究消息的时效性，企业的宣传报道也是如此，第一时间将企业各部门、管理各环节发生的事实报道出来，也是规范企业内部管理的一项重要手段。

内容要平实、通俗、易懂，具有可读性。

语言要简洁，力求以最少的字句传达出事实的关键信息。

消息的结构

消息的结构包括标题、导语、主体、背景和结语五部分。

（1）标题。

消息的标题是对新闻内容的高度概括，所以既要引人注意又要高度概括内容，有单行式和多行式两种形式。

单行式，是只有一个标题，即主标题，即用一句话高度概括消息内容。例如，《××公司召开××××年工作会暨××届×次职工代表大会》。

多行式，是由引题、主标题和副标题组成。引题，在主标题之上，主要交代背景、点明消息意义。副标题，在主标题之下，起补充说明正标题的作用。例如，《我为企业添光彩 立足岗位争先进——××公司举办迎“十一”青年演讲比赛》。

（2）导语。

导语，是消息的开头，也是消息中最重要的组成部分，简明扼要地说明事实及意义。导语主要有叙述式、描写式、评议式、提问式四种形式。

叙述式，是直接叙述新闻事实。

描写式，用简单的语言来描写事实或人物的有意义的一个侧面。

评议式，先叙述后评论或叙议结合。

提问式，根据主要内容，开头先抛出一个警醒、引人注目的问题。

（3）主体。

主体，是消息的中心部分，集中叙述事件经过、揭示问题和表明观点，通常是导语的展开或续写部分，按照时间顺序、逻辑顺序、时间与逻辑结合的顺序来安排结构层次。

（4）背景。

背景，是交代事实发生的环境、条件，可以写在主体部分，也可以写在导语之后，结语之前。

（5）结语。

结语，是消息的结尾，可以是一句话或一段话，一般阐明消息的意义，以加深感受。有的事实叙述完了，就自然结尾了。

例文：

××公司与××大学签订框架合作协议

××××年××月××日，××公司总经理×××在××会议中心接见了××大学××学院院长×××，双方就合作××事宜进行了会谈，签订了双方合作框架协议，并共同参与了科研中心揭牌、合影留念。

1.3.10　通讯

通讯，是在叙述的基础上，采用描写、抒情、议论等多种写作手法，具体、生动、形象地反映新闻事件或典型人物的一种新闻报道形式。通讯侧重于两点：一是要有细节描写；二是要有完整情节。在企业的宣传工作中，通讯多是以报道典型事件、典型人物为主，意在树立良好典范、引导正向舆情。

通讯的特点

通讯的特点是真实性、客观性、时效性和形象性。真实性，是指所报道的内容真实可靠。客观性，是指报道所采取的角度和立场是客观公正的，不裹挟个人感情色彩。时效性，是指报道要及时。形象性，是指在对具体事物、人物进行报道时，要有细节描写，让人能够形象地感受到。

通讯的种类

按照通讯的内容，划分为：人物通讯、事件通讯、概貌通讯、工作通讯。企业中最常使用的是人物通讯、事件通讯。

按照通讯的形式，划分为：纪事通讯、访问记（专访、人物专访）、小故事、集纳、巡礼、纪实、见闻、特写、速写、侧记、散记、采访札记。

写通讯时需要注意的问题

（1）主题要明确。

写稿前先明确主题，事实的开始、经过、高潮和结尾须用主线来串联。

（2）材料要精当。

按照主题思想，去寻找和选取材料，把最能反映事物本质的、具有典型意义的和最有吸引力的材料写进去。

（3）写作方法要多样化。

除叙述外，可以运用描写、议论等，也可以穿插人物对话、自叙和作者的体会、感受，既可以用第三人称的报道形式，也可以写成第一人称的访问记、印象记或书信体、日记体等。

通讯的结构

通讯的结构有标题、正文和结尾三部分。

（1）标题。

通讯的标题有一行式和两行式两种形式。

一行式，是只有一行标题，即主标题，如《全国三八红旗手——×××》。

两行式，是在主标题之后加副标题，即用破折号加在主标题之后，用以解释说明主标题，如《勇立潮头、敢为人先——记××集团改革先锋×××》。正、副标题分两行居中排列。

（2）正文。

主体部分一般要注意以下三点：

首先，简洁扼要交代清楚六个要素：时间、地点、人物、事情的起因、经过和结果。

其次，重点选取两至三个最能反映事物本质、最具典型意义和最有吸引力的材料，进行详细阐述。

最后，综合运用记叙、描写、抒情、议论等多种表达方式，既要有重点描写，又要有细节描写。

（3）结尾。

结尾部分，通常是深入反思，挖掘意义，阐述影响及总结经验教训并对未来的工作提出进一步要求，有时也会以有意义的名人名言作结尾，以起画龙点睛之妙用。

消息和通讯的区别

（1）标题不同。

通讯一般采用一行标题或两行标题，而消息则常用一行标题 、二行标题、三行标题。通讯的副标题一般用破折号引出，而消息的副标题直接说明内容，不采用破折号形式。

（2）篇幅不同。

消息通常最长不超出一千字，且很多消息字数不超百字，例如标题新闻，仅一行字、一句话而已。通讯短则四五百字，长则上千上万字。

（3）写作手法不同。

消息要报道新近发生的事实，既要客观直接，又要短小精悍，所以写作手法是直叙。通讯在选取典型事例反映真人真事时，写作手法既有直叙，又穿插有描写、抒情和议论，以在行文中呈现出感情色彩。

例文：

××公司召开“××××宣传月”动员会

××月××日，××公司召开“××××宣传月”动员会。公司领导、各部门负责人及关键岗位工作人员参加会议。会议明确了活动目标、活动主题、活动时间及相关要求，并就活动内容作出详细的安排部署。

一是高度重视。将活动作为深入打好××××攻坚战、推动公司××××建设的重要平台和契机，发动全员积极参与，营造良好的氛围，确保各项活动扎实有效开展。二是强化宣传。弘扬××××保护主旋律，践行绿色低碳理念，反对形式主义，拒绝铺张浪费，严格遵守相关纪律规定。三是坚定信心，同心协力，锐意进取，以××××思想为指导，坚持生态优先、绿色发展，以高标准保护助力公司高质量发展。四是号召大家都做××××建设的实践者、推动者，持之以恒，久久为功，为建设人与自然和谐共生的现代化做出更大贡献。

参加活动的人员都在横幅上写下了自己对××工作的感言，或签名承诺××生活，并一起观看了近年来公司在××工作方面取得成绩的视频展播。

大家纷纷表态：在今后的工作中，将深入宣传贯彻××××思想，促进全社会增强××保护意识，投身××建设，争做一名公司××建设的重要参与者、贡献者、引领者。

第2章　公文的格式要求

2.1　公文的重点格式要求

公文版式设置包括页边与版心、排版规格、各要素排列三项内容。

当前，公文的编排一般执行《党政机关公文格式》（GB/T 9704—2012）的要求，一般由份号、密级和保密期限、紧急程度、发文机关标志、发文字号、签发人、标题、主送机关、正文、附件说明、发文机关署名、成文日期、印章、附注、附件、抄送机关、印发机关和印发日期、页码等组成。

公文中各要素的编排分为版头、主体、版记三部分。

2.1.1　公文的版式设置

公文的规范性，既包括内容上的规范，也包括版式上的规范。遵守严格的版式规范，对一份公文来说是非常重要的。因为完整而规范的公文版式，不仅能够体现出公文写作者和管理者的职业素养，更能够体现出公文的权威和效力。公文版式设置决不是可有可无的一种形式，也不仅仅是在外观形式上区别于其他一般文章的标志，而是确保公文权威性和执行效力的必要形式。当前，我们一般所说的公文版式要求，是以《党政机关公文格式（国家标准）》为基本遵循的。

（1）页边与版心尺寸。

公文用纸天头（上白边）为37mm ± 1mm，公文用纸订口（左白边）为28mm ± 1mm，版心尺寸为156mm × 225mm。

标准的A4型纸幅面尺寸是210mm × 297mm，所以，经过计算，可以得出公文页面四周白边的尺寸分别为：上白边3.7cm、下白边3.5cm、左白边2.8cm、右白边2.6cm。

（2）字体和字号。

正文是3号仿宋，标题是2号小标宋，密级、保密期限和紧急程度是3号黑体，发文字号和签发人是3号仿宋，签发人姓名是3号楷体，版记的要素是4号仿宋。

（3）行数和字数。

一般每面排22行，每行排28个字，并撑满版心。

（4）文字的颜色。

发文机关标志、版头分隔线和印章为红色，其余都是黑色。

2.1.2　公文的编排规则：版头

版头：公文首页红色分隔线以上的部分称为版头。

（1）份号。

如需标注份号，一般用6位3号阿拉伯数字，顶格编排在版心左上角第一行。

（2）密级和保密期限。

涉密公文应当标注密级和保密期限。标注密级和保密期限时，一般用3号黑体字，顶格编排在版心左上角第二行；保密期限中的数字用阿拉伯数字。如同时标密级和保密期限，“绝密”“机密”“秘密”两字之间，数字和年之间，均不空格；如只标密级不标保密期限，“绝密”“机密”“秘密”两字之间空1字。

（3）紧急程度。

紧急程度，是指公文送达和办理的时限要求。根据紧急程度，紧急公文应当分别标注“特急”“加急”。紧急程度，一般用3号黑体字，顶格编排在版心左上角。

如需同时标注份号、密级和保密期限、紧急程度，按照份号、密级和保密期限、紧急程度的顺序自上而下分行排列。具体排列方式有三种：

有份号，无密级和保密期限，排版心左上角第二行。

有份号、密级和保密期限，排版心左上角第三行。

无份号、密级和保密期限，排版心左上角第一行。

如果同时标注密级和保密期限、紧急程度，“特急”“加急”两字之间不空格；如果不标注保密期限，两字之间空1字。

（4）发文机关标志。

发文机关标志，由发文机关全称或者规范化简称加“文件”二字组成，也可以使用发文机关全称或者规范化简称。发文机关标志居中排布，上边缘至版心为35mm，推荐使用小标宋体字，颜色为红色，字体大小原则上应不大于上级单位的发文机关标志尺寸（上限22mm × 15mm），醒目、美观、庄重为宜。

联合行文时，如需同时标注联署发文机关名称，一般应当将主办机关名称排列在前；如有“文件”二字，应当置于发文机关名称右侧，以联署发文机关名称为准上下居中排布。

（5）发文字号。

发文字号，由发文机关代字、年份、发文顺序号组成。编排在发文机关标志下空二行位置，居中排布。年份、发文顺序号用阿拉伯数字；年份应标全，用六角括号“〔 〕”括入；发文顺序号不加“第”字，不编虚位，在阿拉伯数字后加“号”字。

如果是平、下行文，居中排布。如果是上行文，发文字号居左空一字编排，此时右侧对称位置标注签发人，多个签发人的话，与最后一个签发人姓名处在同一行。

（6）签发人。

上行文一般都应当标注签发人姓名。由“签发人”、全角冒号、签发人姓名组成，居右空一字，编排在发文机关标志下空二行位置。“签发人”用3号仿宋体字，签发人姓名用3号楷体字。

如有多个签发人，签发人姓名按照发文机关的排列顺序从左到右、自上而下依次编排，一般每行排两个姓名，回行时与上一行第一个签发人姓名对齐。

（7）版头中的分隔线。

发文字号之下4mm处居中印一条与版心等宽的红色分隔线。

2.1.3 公文的编排规则：主体

主体：公文首页红色分隔线（不含）以下、公文末页首条分隔线（不含）以上的部分。

（1）标题。

一般用2号小标宋体字，编排于红色分隔线下空二行位置，分一行或多行居中排布；回行时，要做到词意完整，排列对称，长短适宜，间距恰当，标题排列应当使用梯形或菱形。

3个和3个以下单位联合行文时，应列出所有发文单位名称；4个及4个以上单位联合行文，可以采用排列在前的单位名称加“等”的方式。

（2）主送机关。

公文的主要受理单位，应使用全称、规范化简称或同类型单位统称。编排于标题下空一行位置，居左顶格，回行时仍顶格，有多个受文单位都要标全，最后一个单位名称后标全角冒号。如主送机关名称过多，导致公文首页不能显示正文时，应当将主送机关名称移至版记。

（3）正文。

公文首页必须显示正文，即便在联合行文单位多、主送单位多、签发人多的情况下。

正文一般用3号仿宋体字，编排于主送机关名称下一行，每个自然段左空二字，回行顶格。文中结构层次序数依次可以用“一、”“（一）”“1.”“（1）”标注。第一层用黑体字、第二层用楷体字、第三层用仿宋字体加粗，第四层用仿宋体字。层次序数可以越级使用，如果公文结构层次只有两层，第一层用“一、”，第二层既可用“（一）”，也可以用“1.”。

需要注意的是，要引文的话，先引标题，后引发文字号。

（4）附件说明。

附件说明，是指公文附件的顺序号和名称。在正文下空一行左空二字写“附件”二字，后标全角冒号和附件名称。如有多个附件，用阿拉伯数字标注附件顺序号，附件名称后不加标点符号。如附件名称较长需回行时，与上一行附件名称的首字对齐。

附件说明所列的附件标题须与附件本身的标题相一致。在正文中写明报送、批转、转发、印发等字样的公文，在其生效标志后附的内容不是公文的附件，在附件说明处不必标注相关内容。

（5）发文机关署名。

在实际工作中，无论是单一行文还是联合行文，须标注发文单位署名。联合行文时，发文单位署名的顺序应与发文单位标志的排列顺序一致。排列位置在成文日期之上，单一单位发文以成文日期为准居中编排，联合行文按发文单位的顺序排列。

（6）成文日期。

成文日期用阿拉伯数字，不编虚位，右空四字编排。

（7）印章。

公文中有发文单位署名的，应当加盖印章，印章要与发文单位署名一致。

①加盖印章的公文。

成文日期一般右空四字编排，印章用红色，不得出现空白印章。

单一机关行文时，一般在成文日期之上、以成文日期为准居中编排发文机关署名，印章端正、居中下压发文机关署名和成文日期，使发文机关署名和成文日期居印章中心偏下位置，印章顶端应当上距正文（或附件说明）一行之内。

联合行文时，将各发文机关署名按照发文机关顺序，依次排列在相应位置，并将印章一一对应、端正、居中下压发文机关署名，最后一个印章端正、居中下压发文机关署名和成文日期，印章之间排列整齐、互不相交或相切，每排印章两端不得超出版心，首排印章顶端应当上距正文（或附件说明）一行之内。

②不加盖印章的公文。

单一机关行文时，在正文（或附件说明）下空一行、右空二字编排发文机关署名，在发文机关署名下一行编排成文日期，首字比发文机关署名首字右移2字。若成文日期长于发文机关署名时，先将成文日期右空二字编排，成文日期上一行编排发文机关署名，调整左右空格数，使发文机关在成文日期上方的中间位置。

联合行文时，应当先编排主办机关署名，其余发文机关署名依次向下编排。

③加盖签发人签名章的公文。

单一机关制发的公文，在加盖签发人签名章时，在正文（或附件说明）下空二行、右空四字处，加盖签发人签名章，签名章左空二字标注签发人职务，以签名章为准上下居中排布。在签发人签名章下空一行、右空四字编排成文日期。

联合行文时，先编排主办机关签发人职务、签名章，其余机关签发人职务、签名章依次向下编排，与主办机关签发人职务、签名章上下对齐；每行只编排一个机关的签发人职务、签名章；签发人职务应当标注全称。

需要注意的是，签发人签名章用红色。在公文排版后，所剩空白处有限无法编排印章或签发人签名章、成文日期时，需要调整行距、字距来解决，务必使印章与正文同处一面。

（8）附注。

附注，是需要说明的其他事项，一般标联系人和联系方式等，位置是居左空二字加圆括号，编排在成文日期下一行。

（9）附件。

附件，是公文正文的说明、补充或参考资料。附件一般编排在另一空白页面，并在版记之前，与公文正文一起装订。附件和顺序号用3号黑体字，顶格编排在版心左上角第一行。附件标题居中编排在版心第三行，附件顺序号和附件标题应当与附件说明所列内容一致，格式要求同正文一样。

如附件与正文不能一起装订，须在“附件”二字前写明公文的发文字号。

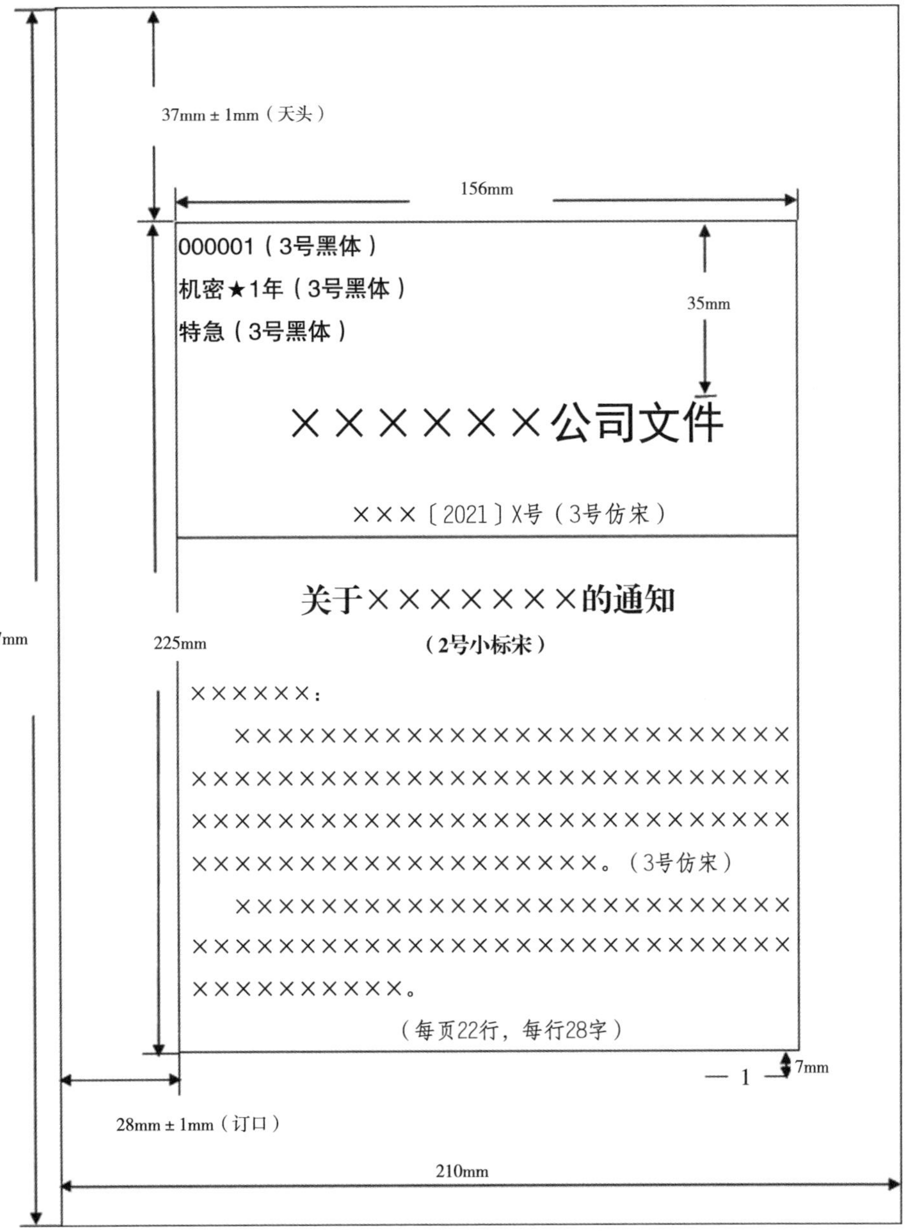

297mm

37mm ± 1mm（天头）

156mm

225mm

35mm

000001（3号黑体）

机密★1年（3号黑体）

特急（3号黑体）

××××××公司文件

×××〔2021〕X号（3号仿宋）

关于×××××××的通知

（2号小标宋）

××××××：

××××××××××××××××××××××××××

××××××××××××××××××××××××××××

××××××××××××××××××××××××××××

×××××××××××××××××××。（3号仿宋）

××××××××××××××××××××××××××

××××××××××××××××××××××××××××

××××××××××。

（每页22行，每行28字）

— 1 —

7mm

28mm ± 1mm（订口）

210mm

图2-1　A4型公文用纸页边及版心尺寸

注：版心实线框仅为示意，在印制公文时并不印出。

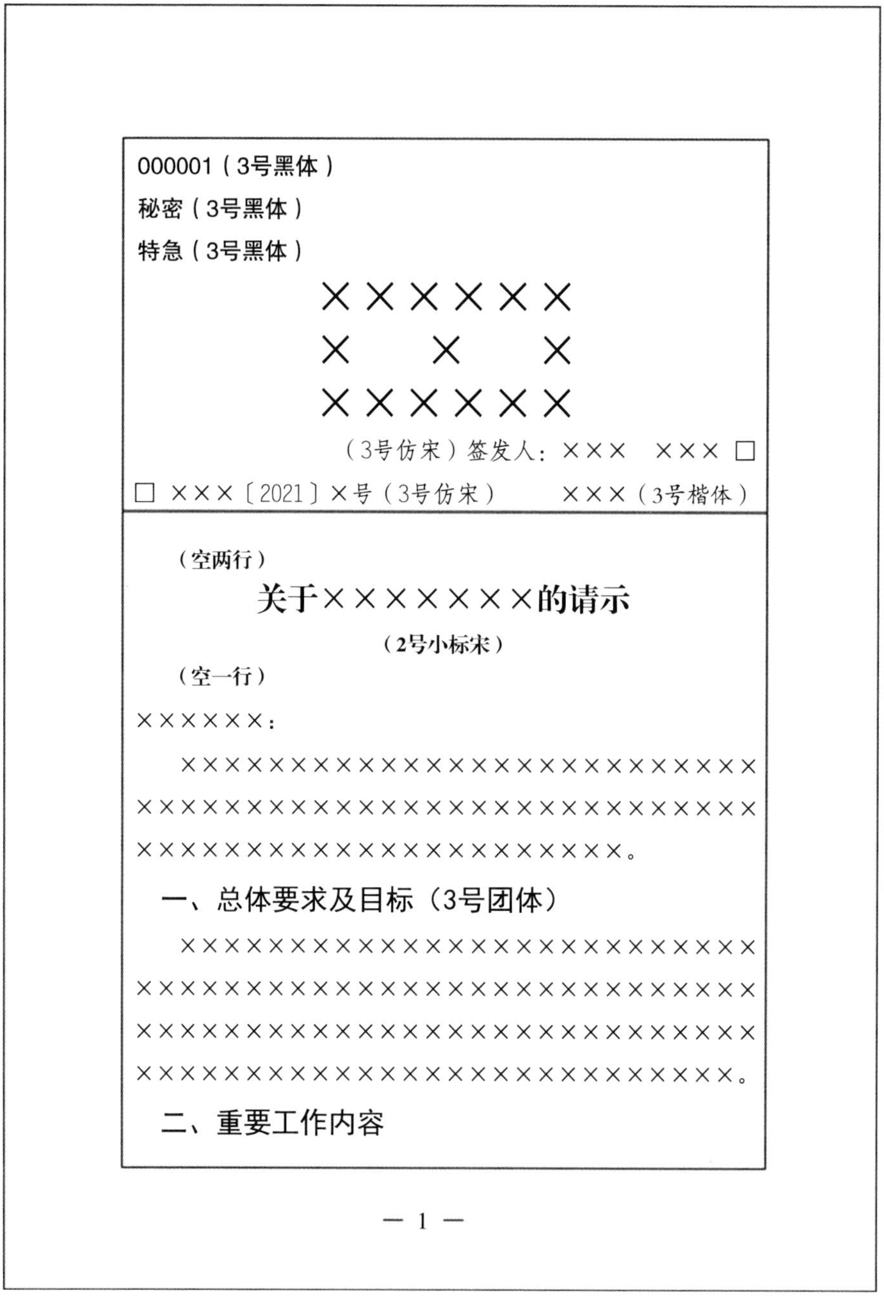

000001（3号黑体）

秘密（3号黑体）

特急（3号黑体）

××××××
×　×　×
××××××

（3号仿宋）签发人：×××　×××□

□×××〔2021〕×号（3号仿宋）　×××（3号楷体）

（空两行）

关于×××××××的请示

（2号小标宋）

（空一行）

××××××：

××。

一、总体要求及目标（3号团体）

××。

二、重要工作内容

— 1 —

图2-2　公文首页版式

注：版心实线框仅为示意，在印制公文时并不印出。

2.1.4　公文的编排规则：版记与页码

版记

公文末页首条分隔线以下、末条分隔线以上的部分称为版记。包括版记中的分隔线、抄送机关、印发机关和印发日期。

（1）版记中的分隔线。

版记中的分隔线与版心等宽，首条分隔线和末条分隔线用粗线（一般为0.35mm），中间的分隔线用细线（一般为0.25mm）。首条分隔线位于版记中第一个要素之上，末条分隔线与公文最后一面的版心下边缘重合。

（2）抄送机关。

除主送单位外，还需要哪些单位执行或知晓公文内容，就在抄送机关里面写明这些单位。一般用4号仿宋体字，在印发机关和印发日期之上一行、左右各空一字编排。

“抄送”后加全角冒号和抄送机关名称，多个抄送单位之间用逗号隔开，回行时与冒号后的首字对齐，最后一个抄送机关后标句号。

如主送机关过多，在正文开头无法写全，则需把主送机关移至版记，编排方法同抄送机关。一般情况下，主送机关在抄送机关上一行，中间不加分隔线。

（3）印发机关和印发日期。

公文的印发单位、印发日期，一般用4号仿宋体字，编排在末条分隔线之上。印发单位左空一字，印发日期右空一字，用阿拉伯数字将年、月、日标全，标全称，不编虚位，后加“印发”二字。印发单位通常是行政文秘部门，印发日期一般晚于成文日期。

页码

页码：位于版心外。

一般用4号半角宋体阿拉伯数字，置于公文版心下边缘之下，数字左右两边各空1个半角空格，放一条一字线；一字线上距版心下边缘7mm。单页码居右空一字，双页码居左空一字。版记页前有空白页的，空白页和版记页均不标注页码。公文的附件与正文一起装订时，页码应当连续编排。

如果有横排表格，页码应放在横表的左侧，单页码在表的左下角，双页码在表的左上角。横表的表头，单页码放在订口一侧，双页码放在切口一侧。

2.1.5 印制装订要求

从拟制完成到印制装订，一份公文就形成了。虽说印制装订是公文拟发的“最后一公里”，但是仍需要引起文秘工作者的注意。曾经有一次，因为开会紧急，领导让我打印并装订会议材料，通常是左侧装订，上下两钉分别于距版面上下边缘各70mm处，而我因为赶时间将书钉装在文件左侧最上角，等去了会议室，将材料放在别的部门装订整齐规范的材料里，自觉惭愧。虽说是无足轻重的小事，但是在公众场合，员工的工作细节不仅代表了自己的业务素质，还彰显出了所处部门的日常管理水平。所以，在印制装订环节，要注意遵守以下要求：

制版要求

版面干净无底灰，字迹清楚无断划，尺寸标准，版心不斜，误差不超过1mm。

印刷要求

公文必须是双面打印，页码套正，两面误差不超过2mm。黑色油墨应当达到色谱所标BL100%，红色油墨应当达到色谱所标Y80%、M80%。印品着墨实、均匀，字面不花、不白、无断划。

装订要求

公文应当左侧装订，不掉页，两页页码之间误差不超过4mm，裁切后的成品尺寸允许误差±2mm，四角成90°，无毛茬或缺损。

装订方法有骑马订或平订两种，装订时均需注意以下三点：

（1）订位为两钉外订眼距版面上下边缘各70mm处，允许误差±4mm。

（2）无坏钉、漏钉、重钉，钉脚平伏牢固。

（3）骑马订钉锯均订在折缝线上，平订钉锯与书脊间的距离为3mm～5mm。

包本装订公文的封皮（封面、书脊、封底）与书芯应吻合、包紧、包平、不脱落。

A4型公文用纸页边及版心尺寸见图2-1；公文首页版式见图2-2；附件说明页版式见图2-3；带附件公文末页版式见图2-4。

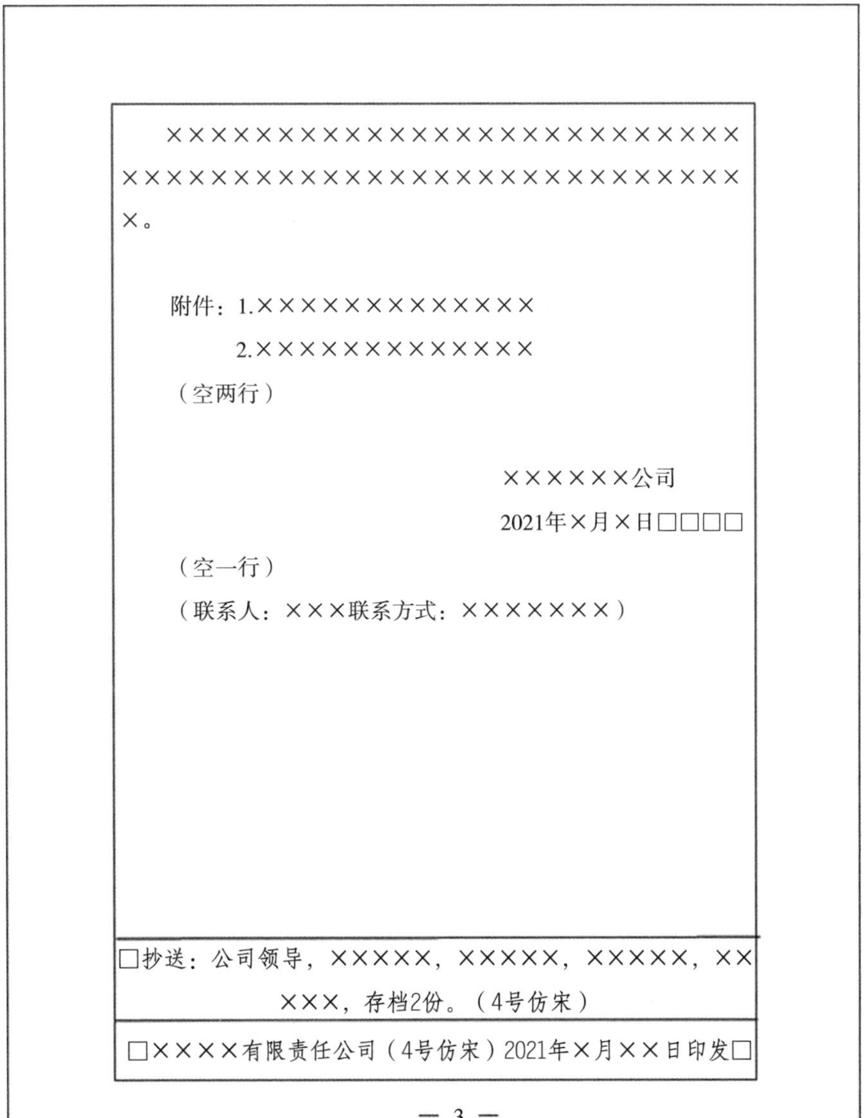

××。

附件：1.××××××××××××××

2.××××××××××××××

（空两行）

××××××公司

2021年×月×日□□□□

（空一行）

（联系人：×××联系方式：×××××××）

□抄送：公司领导，×××××，×××××，×××××，×××××，存档2份。（4号仿宋）

□××××有限责任公司（4号仿宋）2021年×月××日印发□

— 3 —

图2-3　附件说明页版式

注：版心实线框仅为示意，在印制公文时并不印出。

附件1（3号黑体）

（空一行）

关于××××××××××的请示

（2号小标宋）

××。

××。（3号仿宋，每页22行，每行28字）

××。

抄送：×××××，×××××，×××××。×××××，×××××，×××××，×××××，×××××。

图2-4　带附件公文末页版式

注：版心实线框仅为示意，在印制公文时并不印出。

2.1.6　特定公文的格式

函格式

（1）发文机关名称。

函的第一行先写发文机关名称，一般使用发文机关全称或者规范化简称，居中排布，上边缘至上页边为30mm，用红色小标宋体字，联合行文时，使用主办机关名称。名称后面不加“文件”二字。联合行文时，只使用主办单位标志，且标志上边缘距离上页边为30mm，居中排布。通用公文格式上白边37mm，标志与版心上边缘35mm，比通用格式上移了42mm。

（2）版头规范。

发文机关名称下4mm处插入一条红色双线（上粗下细），同时距下页边20mm处也插入一条红色双线（上细下粗），线长均为170mm，居中排布。

如需标注份号、密级和保密期限、紧急程度，应当顶格居版心左边缘编排在第一条红色双线下，按照份号、密级和保密期限、紧急程度的顺序自上而下分行排列，第一个要素与该线的距离为3号汉字高度的7/8。

（3）发文字号。

顶格居版心右边缘编排在第一条红色双线下，与该线的距离为3号汉字高度的7/8。标题居中编排，与发文字号相距二行。

第二条红色双线上一行如有文字，与该线的距离为3号汉字高度的7/8。

（4）页码显示。

函的首页不显示页码。版记不加印发机关和印发日期、分隔线，位于公文最后一面版心内最下方。

命令（令）格式

命令的发文机关标志是由发文机关全称加“命令”或“令”字组成，居中排布，上边缘至版心上边缘为20mm，2号红色小标宋体字。发文机关标志下空二行居中编排令号，令号下空二行编排正文。

正文下空两行右侧编排签发人职务、签名章，再下一行右侧编排成文日期。

纪要格式

（1）纪要标志。

纪要标志由发文机关全称和“会议纪要”组成，居中排布，上边缘至版心上边缘为35mm，推荐使用红色小标宋体字。纪要编号一般编排在发文单位标志下空二行、左空一字处，如“〔2021〕1号”，份号不编虚位。纪要编号同一行右边空一字标明“签发人：×××”。纪要编号下一行插入一条0.35磅粗的红线。

（2）要素编排。

红线下面依次编排会议时间、会议地点、主持人、参会人员、列席人员、会议主题、会议议题、会议内容，每一个要素单独占一行，字数过多需要回行，与本要素冒号后的首字对齐。这些要素用3号宋体字。

（3）参会人员、列席人员规则。

参会人员单位、姓名用3号仿宋字体，同一单位不同人员之间、不同单位之间的分隔符号可根据实际情况确定，回行时与冒号后的首字对齐，段末加句号。

如需标注请假人员名单，依次另起一行在列席人员后标明“请假人员”，编排方法是同一单位不同人员之间、不同单位之间的分隔符号可根据实际情况确定，回行时与冒号后的首字对齐，段末加句号。

在所有的公文中，除了命令、函、会议纪要有其特定的格式要求，剩余10种公文的基本格式几乎一致，所以，在日常公文写作时，可以做好4类公文的模板，分别为“命令模板”“函模板”“会议纪要模板”和“一般公文模板”，根据不同的拟制要求及时套用模板格式，省时省力，提高工作效率。

函格式首页版式见图2–5；命令（令）格式版式见图2–6；纪要格式版式见图2–7、图2–8。

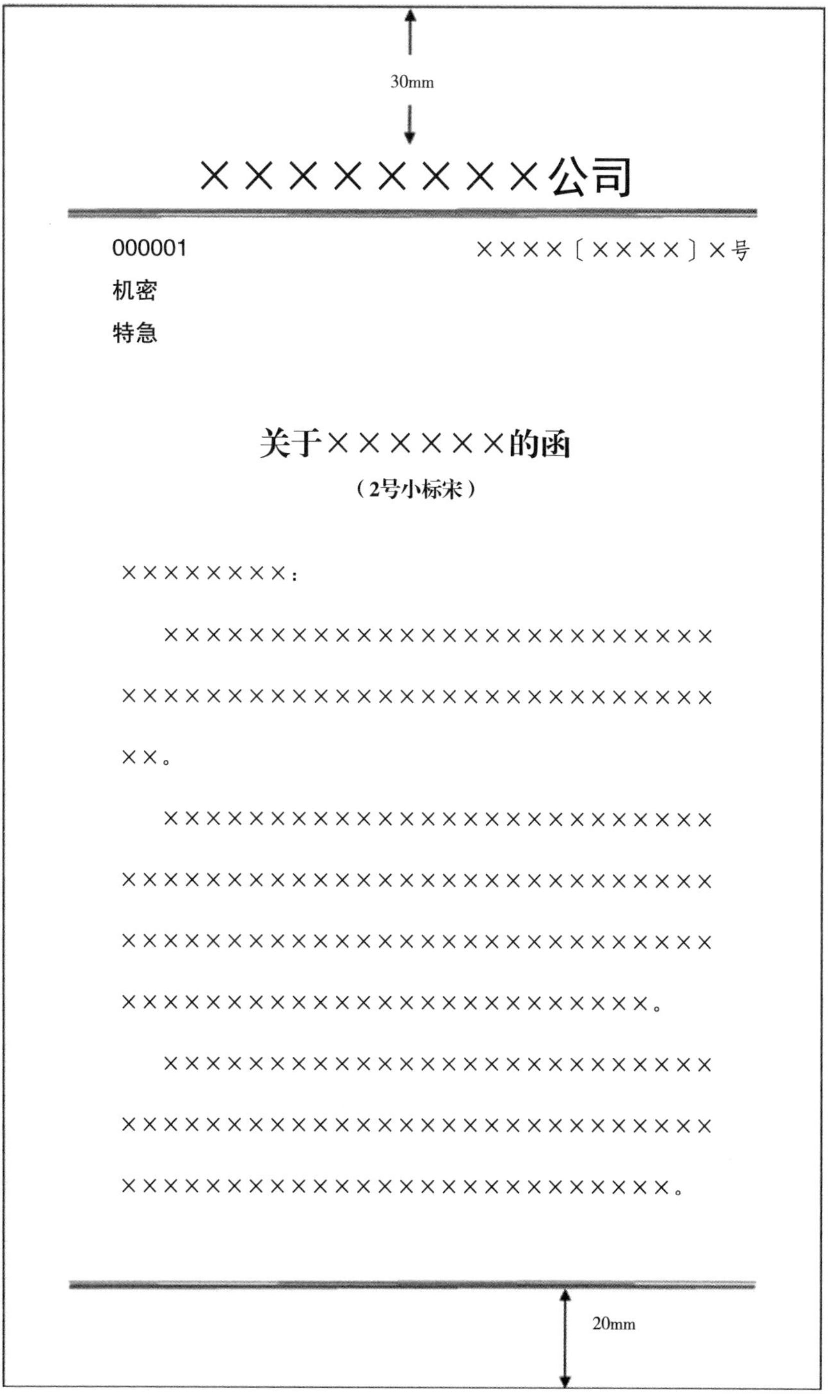

30mm

××××××××公司

000001　　　　　　　　　　　　　　××××〔××××〕×号

机密

特急

关于××××××的函

（2号小标宋）

××××××××：

　　××。

　　×××。

　　××。

20mm

图2-5　函格式首页版式

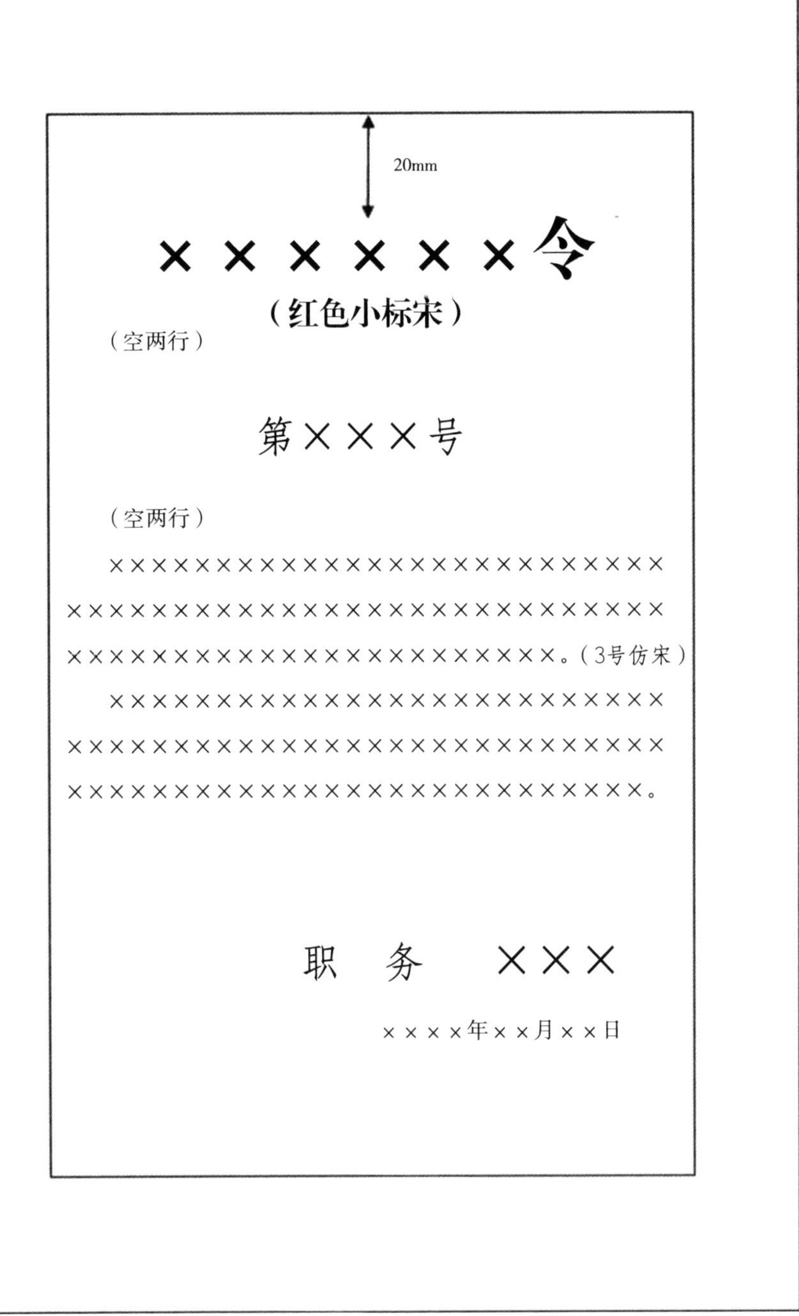

图2-6　命令（令）格式版式

注：版心实线框仅为示意，在印制公文时并不印出。

35mm

××××有限公司
业务办公会议纪要
（红色小标宋）

（空两行）

〔××××〕××号　　　　　　　　签发人：×××

日　　期：××××年××月××日

地　　点：行政一楼第三会议室

主 持 人：×××

参会人员：赵××、张××、李××、王××、周××

列席人员：××××部：王××，李××；

××××部：吴××，孙××。

记　　录：马××

议　　题：××公司月度工作会议

内　　容：会议通报了××公司××项目的工作进展情况，讨论研究了工作推进中存在的问题和困难，并对迎接市××局来现场核查、下一步重点工作作出安排部署，形成如下会议纪要。

一、会议通报了公司××项目工作进展情况

㈠基本情况

㈡工作进展情况

㈢存在的问题和困难

图2-7　纪要首页格式版式

注：版心实线框仅为示意，在印制公文时并不印出。

二、会议对迎接市××局于×月×日来公司进行的现场核查作出安排部署：

㈠ 会议要求××××部负责，协调总公司相关部门，做好市××局领导及专家的接待准备工作。

㈡ 会议要求××××部做好核查汇报材料的准备工作。

三、会议对下一步重点工作做出安排

㈠ 会议要求赵××牵头，拿出公司××项目运营模式方案。

㈡ 会议要求王××负责，完成司市场调研工作。

㈢ 会议要求赵××负责，完成营业场所建设工作。

㈣ 会议要求李××负责，大力协调市××局，加快业务许可证办理。

㈤ 会议安排近期对接××公司，协商签订业务合作协议书事宜。

××××××公司

××××年×月×日

分送：公司领导、××××部、××××部，存档（2）。

××××××公司××××部　　××××年××月××日印发

图2-8　纪要末页格式版式

注：版心实线框仅为示意，在印制公文时并不印出。

2.2　常见格式问题及处理办法

有人说，写公文，内容重要，形式不重要。内容固然是衡量公文的重要指标，格式作为形式同样也很重要。公文格式的规范程度，也是反映公文质量的重要指标。其实，不应把内容和形式对立起来。一篇公文，内容再好，语言再准确，格式不规范，也称不上是一篇好公文。公文格式不规范主要表现在以下几个方面：排版不规范、装订位置过于随意、发文字号错误、正文层次序数不一致、标点符号使用不规范、附件、附注不齐全、成文日期及用印不规范等。

2.2.1　排版不规范

一篇立意高远、内容扎实的公文，再配上干净整洁规范的排版，则是锦上添花。有效的排版，可以增强文稿的吸引力、提高阅读效率。通常，排版方面会存在以下问题：

标题分行混乱

公文标题经常是20个字以上，显示在一行，视觉上不美观。故需将标题分成2—3行显示，成梯形或菱形。

○举例背景

星辰化工有限公司印发文件《关于印发〈星辰化工有限公司调整主要生产及工程原材料价格管理办法〉的通知》。

×错误用法

关于印发《星辰化工有限公司调整主要生产及工程原材料价格管理办法》的通知

√正确用法

关于印发《星辰化工有限公司

调整主要生产及工程原材料价格管理办法》的通知

内容混乱无层次

为了让段落层次清晰，公文写作时，若表述事项多，需分开陈述，并用小标题加以区分，有一级、二级、三级、四级标题（一般划分为四级），一级标题单独成一段，其他标题可单独成段，也可以与内容同为一段。

○举例背景

星辰化工有限公司拟制文件《关于公司硝酸铵项目进展情况的报告》，向上级公司汇报硝酸铵项目进展情况。

×错误用法

一、项目进展情况

该项目建设于2015年2月……目前，在职人员37人，配置4个职能部室和2个生产车间……

√正确用法

一、项目进展情况

（一）基本情况介绍

1. 项目建设情况。该项目建设于2015年2月……

2. 机构配置情况。目前，在职人员37人，配置4个职能机构和2个生产车间……

无结尾

结尾段是对全篇公文主要内容和主旨的概括，也是对拟写公文的目的的再次陈述，有总结陈词的作用。一般情况下，结尾是公文的必备结构，切忌“无结尾”的现象发生。特定情况如决定、决议、规定、条例、简报等公文，在叙述规定事项和有关情况后，觉得语意已尽，再没有什么要说的了，可不需再写结尾。

○举例背景

向上级单位行文汇报工作、反映情况时，针对工作中存在的问题，提出自己的看法或解决问题的办法、措施等，结尾一般采用会提出建议。星辰化工有限公司拟制《关于2021年重点项目的报告》，向上级公司汇报重点项目进展情况。

×错误用法

只介绍项目情况，不写结尾。

√正确用法

（结尾如下）

希望总公司在政策上大力支持我公司重点项目的建设，建议召开2021年重点建设项目汇报会议，深入了解所有项目的进展情况，大力推动重点项目建设进度，为早日实现总公司的“十四五”目标而努力奋斗。

以上报告如有不妥，请指示。

行尾不整齐

行尾为单独一个字时，视觉上并不美观，通过调整上一行的字间距，来将最后两行调整为一行，避免出现行尾一个字成一行的情况。

○举例背景

星辰化工有限公司于2021年2月1日，拟制《关于做好2021年春节期间有关工作的通知》中，对春节期间的各项工作进行安排。

×错误用法

为确保全员度过一个欢乐、祥和、安全的节日，现结合公司实际，将节日期间有关工作安排如下：

我公司倡导全员通过网络信息手段进行“线上拜年”“视频聚会”等创新过节方式。出差、出行要提前做好审批，并向疫情防控领导小组报备，方可离开。

√正确用法

（调整最后两至三行的字符间距，“紧缩0.01cm”即可。）

为确保全员度过一个欢乐、祥和、安全的节日，现结合公司实际，将节日期间有关工作安排如下：

我公司倡导全员通过网络信息手段进行“线上拜年”“视频聚会”等创新过节方式。出差、出行要提前做好审批，并向疫情防控领导小组报备，方可离开。

行尾过满

行尾的文字满排，整段呈封闭状态，也会造成视觉上的拥挤。要通过微调字间距或段落横向宽度，使得行尾至少留有一个字符的空间透气。

○举例背景

在《关于做好2021年春节期间有关工作的通知》中，强调安全生产。

×错误用法

我公司各部门要认真贯彻落实《国务院安委会办公室 应急管理部关于做好2021年元旦春节期间安全防范工作的通知》（安委办明电〔2020〕31号）要求，深刻吸取事故教训，进一步落实安全生产责任，切实做到警钟长鸣。

√正确用法

（调整最后一至两行的字符间距，“紧缩0.01cm”即可。）

我公司各部门要认真贯彻落实《国务院安委会办公室 应急管理部关于做好2021年元旦春节期间安全防范工作的通知》（安委办明电〔2020〕31号）要求，深刻吸取事故教训，进一步落实安全生产责任，切实做到警钟长鸣。

正文中穿插图表

为体现公文的严肃性和庄重性，通常不应在公文主体中穿插图或表，在不影响信息表达结果的前提下，尽可能以文字来描述图或表的信息。若实在难以用充足的文字表达，可将图或表以附件形式呈现。

○举例背景

在《关于我公司2021年工作计划的报告》中，开头对2020年的经营情况进行总括陈述。

×错误用法

2020年，在总公司领导的支持和指导下，在全员积极奋战销售一线、努力拼搏开拓用户下，我公司超额完成全年业绩指标，具体如下：

用户量			营业收入			营业利润		
2020	2019	变化量	2020	2019	变化幅度	实际	指标	变化幅度
19	15	4	1922	1530	25.62%	870	700	24.29%

√正确用法

2020年，在总公司领导的支持和指导下，在全员积极奋战销售一线、拼搏开拓用户的努力下，我公司超额完成了总公司的业绩指标，现有用户19家，较2019年增加了4家，实现年度营收1922万元，较去年增加25.62%，营利870万元，超指标24.29%。

2.2.2　发文字体、字号不规范

公文发文字号是公文登记的编号，便于统计、查询和引用。它是公文的重要组成部分，每一个发文字号都代表了一份公文。发文文号看似简单，但经常存在以下问题：

年号不全，发文年号需写全，不得简写

○举例背景

《关于做好2021年春节期间有关工作的通知》的发文日期是2021年2月1日，发文编号是4号，故发文字号的写法如下。

×错误用法

星辰化工发〔21〕4号

√正确用法

星辰化工发〔2021〕4号

括弧不对

发文年度应用六角括弧“〔 〕”，用圆括弧“（ ）”、方括弧“［ ］”、方头括弧“【 】”都是错误的。

○举例背景

《关于做好2021年春节期间有关工作的通知》发文字号的写法如下。

×错误用法

星辰化工发（2021）4号、星辰化工发［2021］4号、星辰化工发【2021】4号

√正确用法

星辰化工发〔2021〕4号

位置不当

机关代字放在发文年度前面，不能将发文年度放在机关代字的前面。

○举例背景

《关于做好2021年春节期间有关工作的通知》发文字号的写法如下。

×错误用法

〔2021〕星辰化工发4号

√正确用法

星辰化工发〔2021〕4号

编虚号

发文序号不编虚号。

○举例背景

《关于做好2021年春节期间有关工作的通知》发文字号的写法如下。

×错误用法

星辰化工发〔2021〕04号、星辰化工发〔2021〕004号

√正确用法

星辰化工发〔2021〕4号

一文多字号

联合发文时，并用几个单位的发文字号是错误的，一般只用主要发文机关单位的发文字号。

○举例背景

星辰化工公司人力资源部、市场销售部共同印发文件《关于统计我公司2018年—2020年销售人员薪酬发放情况的通知》，发文日期是2021年2月3日，在人力资源部的发文编号是4号，在市场营销部的发文编号是2号。该文件的发文字号处理如下。

×错误用法

人力发〔2021〕4号、市场发〔2021〕2号

√正确用法

该文件的制发主要是人力资源部牵头，市场营销部配合，统计星辰化工公司近三年来的销售人员薪酬发放情况，所以，发文字号应采用“人力发〔2021〕4号”。

一字号多文

每一个文件都有相应的一个文号，不能用同一发文字号印发两份或两份以上不同的文件。

○举例背景

星辰化工公司召开会议，讨论通过了关于报废设备处理和新设备购买2件事情，2021年2月10日，星辰化工公司印发《关于处理报废设备的指导意见》《关于购置新设备的指导意见》，两份文件的发文字号处理如下。

×错误用法

两份文件共用一个文号为：星辰化工发〔2021〕6号

√正确用法

两份文件的文号依次为：星辰化工发〔2021〕6号、星辰化工发〔2021〕7号

跳号

每一份文件的编号是按照时间先后，以自然数顺序依次递推的，不能出现跳号。

○举例背景

星辰化工公司于2021年2月1日印发《关于做好2021年春节期间有关工作的通知》，2021年2月6日印发《关于召开月度安全工作会议的通知》，这两份文件的发文字号写法如下。

×错误用法

星辰化工发〔2021〕4号、星辰化工发〔2021〕6号

√正确用法

星辰化工发〔2021〕4号、星辰化工发〔2021〕5号

出现第字

公文的文号中，不能出现“第”字。

○举例背景

文件《关于做好2021年春节期间有关工作的通知》的发文字号写法如下。

×错误用法

星辰化工发〔2021〕第4号

√正确用法

星辰化工发〔2021〕4号

2.2.3 正文层次序数不规范

正文结构层次序数依次可以用“一、”“（一）”“1.”“（1）”标注，一般一级标题用黑体字、二级标题用楷体字、三级和四级标题用仿宋体字。

一级标题和三级标题数字后面的点号是不同的

一般篇幅较长的正文，会划分段落，并拟写小标题，为一级标题。通常，一级标题的序号“一”后面用顿号，如“一、”。二级标题序号为“（一）”，由于括号本身就是标点符号，因此后面不加任何标点。三级标题序号为1，阿拉伯数字后面用齐线圆点，如“1.”。四级标题序号为（1），后面也不加任何标点。

○举例背景

《关于公司硝酸铵项目进展情况的报告》中，将三级标题序号后面的点号写成顿号，即“1、”，是错误的。

×错误用法

一、项目进展情况

（一）项目基本情况

1、项目概况。

2、项目地址。

3、人员配置情况。

√正确用法

一、项目进展情况

（一）项目基本情况

1. 项目概况。

2. 项目地址。

3. 人员配置情况。

在同一份公文中，同等层次段落的标题体例不统一

如，公文前半部分依次出现“一、”“（一）”“1.”；之后出现“二、”“1.”，省去了“（一）”，这是错误的。

○举例背景

《关于公司硝酸铵项目进展情况的报告》中，前边依次出现了“一、”“（一）”“1.”三级标题，后边也应按顺序出现“二、”“（一）”“1.”，省略“（一）”是错误的。

×错误用法

一、项目进展情况

（一）项目基本情况

1. 项目概况。

2. 项目地址。

3. 人员配置情况。

二、项目推进过程中存在的问题

1. 工程进度慢。

2. 办证难度大。

√正确用法

一、项目进展情况

（一）项目基本情况

1. 项目概况。

2. 项目地址。

3. 人员配置情况。

二、项目推进过程中存在的问题

（一）工程方面

1. 工程进度较慢。

2.2.4 发送机关不规范

公文主送机关是公文格式中的重要组成部分之一，是用来标识公文的主要收受机关，发文机关要求对方机关要对收受的公文予以办理或答复，标识在公文标题之下、正文之上，左顶格位置，要求名称准确、范围明确。然而，现行公文中标识主送机关，经常存在以下问题：

上行文越级发送

一般上行文只能发送至上级单位，而不能发送至上级的上级。特殊情况需越级发送，则需要抄送上级单位。

○举例背景

北方能源化工集团公司是星辰化工公司的上级总公司，诚信复合肥有限公司是星辰化工公司的一家子公司。诚信复合肥公司以正式文件《关于2020年公司经营情况的报告》，向上级星辰化工汇报2020年经营情况。

×错误用法

越过直接上级，发送机关为北方能源化工集团公司。

√正确用法

发送机关为星辰化工公司。

缺主送机关

除公布性文件外，一般文件都必须标明主送机关。如会议纪要等公文，主送机关一般放在文尾末页下端。

○举例背景

星辰化工公司以正式文件《关于报送2021年销售计划的通知》下发其所有二级子公司，要求上报2021年销售计划。

×错误用法

不写主送机关。

√正确用法

主送机关为各二级单位。

主送机关表述不规范

主送机关的发送顺序，一般是按照先党委后政府、先党委后行政的顺序。未用全称或规范化简称是不对的；若一家公司有多家下属子公司，发送文件针对指定部门或下属公司，随意写为“各部门及单位”是不准确的，应分别写明要发送的各部门、单位的全称。

○举例背景

星辰化工公司的子公司有星辰科技有限公司、诚信复合肥有限公司、蓝天环保科技有限公司、星辰新材料科技有限公司等7家子公司。诚信复合肥公司发送《关于2021年复合肥供应链优化的函》，给星辰化工公司物资供应部、科技环保部及星辰科技有限公司、蓝天环保科技有限公司。

×错误用法

发送机关为星辰化工各部门及星辰科技、蓝天环保科技。

√正确用法

发送机关为星辰化工有限公司物资供应部、星辰化工有限公司科技环保部、星辰科技有限公司、蓝天环保科技有限公司。

多头主送

主送机关不止一个。向上级机关行文，只写一个主送机关，如需同时送其他机关，应当用抄送的形式，但不得同时抄送下级机关。

○举例背景

星辰化工公司销售中心拟成立一个产品创新小组，故拟制《关于成立销售中心产品创新小组的请示》，上报星辰化工公司、北方能源化工集团公司销售中心。

×错误用法

同时主送星辰化工公司、北方能源化工集团公司销售中心。

√正确用法

先主送星辰化工公司，抄送北方能源化工集团公司销售中心，在得到星辰化工公司的批复后，再发文主送北方能源化工集团公司销售中心，抄送星辰化工公司，并附上辰化工公司的批复意见。

主送个人

公文是单位对单位之间的形式流通，主送不得是领导个人。

○举例背景

诚信复合肥公司向上级单位星辰化工公司报送《关于2020年公司经营情况的报告》，星辰化工公司的副总经理张某负责分管诚信复合肥公司。

×错误用法

主送机关为星辰化工有限公司张总。

√正确用法

主送机关为星辰化工有限公司。

主送机关位置不当

主送机关标注的位置应在标题之下、正文之上，顶格标注。然而，现行公文中常出现两方面的不规范：一是未顶格标注；二是标注在公文末尾与抄送机关并列。

○举例背景

星辰化工公司财务管理部印发《关于2019年度个人所得税汇算清缴的通知》。

×错误用法

关于2019年度个人所得税汇算清缴的通知

各部门、各单位：

根据国家税务总局公告2019年第44号《关于办理2019年度个人所得税综合所得汇算清缴事项的公告》的要求，2019年度个人所得税汇算清缴时间为2020年3月1日至6月30日。请各部门及单位，一定要通过人事部门传达到每位员工，组织全员完成个人所得税汇算清缴。

√正确用法

关于2019年度个人所得税汇算清缴的通知

各部门、各单位：

根据国家税务总局公告2019年第44号《关于办理2019年度个人所得税综合所得汇算清缴事项的公告》的要求，2019年度个人所得税汇算清缴时间为2020年3月1日至6月30日。请各部门及单位，一定要通过人事部门传达到每位员工，组织全员完成个人所得税汇算清缴。

2.2.5　附注与附件不规范

附件，是公文正文的说明、补充或者参考材料。附件说明，一般写在正文下空一行，一般用来写公文附件的顺序号和名称。

附注，写在成文日期下一行，靠左空二字加圆括号，一般用来写文件事项的联系人和联系电话。附注和附件的标注，一般存在以下问题。

有附件不标注或标注不全

只要公文有附件，必须要在正文结尾标注附件名称，并要全部标齐，不得漏项。

○举例背景

星辰化工公司拟发《关于星辰化工公司硝酸铵产业发展的报告》，向上级单位北方能源化工集团公司汇报，项目自启动以来至今的发展情况。同时需要附上多项文件。

×错误用法

附件：《星辰化工公司和东方化工公司合作协议书》等

√正确用法

附件：1.《星辰化工公司和东方化工公司合作协议书》

2.《关于提请批准〈星辰化工公司和东方化工公司合作协议书〉的请示》（星辰化工发〔2015〕114号）

3.《关于星辰化工公司和东方化工公司合作建设硝酸铵项目的批复》（北方能源化工发〔2011〕37号）

附件名称未标全

对附件名称进行简写或略写，是错误的，要将每一个附件的名称标全。

○举例背景

以《关于星辰化工公司硝酸铵产业发展的报告》为例。

×错误用法

附件：1.《合作协议书》

2.《关于提请批准〈星辰化工公司和东方化工公司合作协议书〉的请示》

3.《关于星辰化工公司和东方化工公司合作建设硝酸铵项目的批复》

4.价格明细表

√正确用法

附件：1.《星辰化工公司和东方化工公司合作协议书》

2.《关于提请批准〈星辰化工公司和东方化工公司合作协议书〉的请示》（星辰化工发〔2015〕114号）

3.《关于星辰化工公司和东方化工公司合作建设硝酸铵项目的批复》（北方能源化工发〔2011〕37号）

4. 硝酸、硝酸铵等附属产品价格明细表

附件标注不规范

“附件”二字在正文下空一行、左起空2格标注。只标一个“附”字是错误的，正确的是标“附件”二字。

○举例背景

以《关于星辰化工公司硝酸铵产业发展的报告》为例。

×错误用法

附：1.《星辰化工公司和东方化工公司合作协议书》

√正确用法

附件：1.《星辰化工公司和东方化工公司合作协议书》

附件标题混乱

每一个附件，序号用阿拉伯数字“1.”“2.”“3.”……标注，并且分行显示，附件名称过长，则另起一行，并首字对齐。

○举例背景

以《关于星辰化工公司硝酸铵产业发展的报告》为例。

×错误用法

附件：1.《星辰化工公司和东方化工公司合作协议书》

2.《关于提请批准〈星辰化工公司和东方化工公司合作协议书〉的请示》（星辰化工发〔2015〕114号）

3.《关于星辰化工公司和东方化工公司合作建设硝酸铵项目的批复》（北方能源化工发〔2011〕37号）

4.硝酸、硝酸铵等附属产品价格明细表

√正确用法

附件：1.《星辰化工公司和东方化工公司合作协议书》

2.《关于提请批准〈星辰化工公司和东方化工公司合作协议书〉的请示》（星辰化工发〔2015〕114号）

3.《关于星辰化工公司和东方化工公司合作建设硝酸铵项目的批复》（北方能源化工发〔2011〕37号）

4. 硝酸、硝酸铵等附属产品价格明细表

附件标题后加标点符号

每一个附件标题后是不加任何标点符号的。

○举例背景

以《关于星辰化工公司硝酸铵产业发展的报告》为例。

×错误用法

附件：1.《星辰化工公司和东方化工公司合作协议书》；

2.《关于提请批准〈星辰化工公司和东方化工公司合作协议书〉的请示》（星辰化工发〔2015〕114号）；

3.《关于星辰化工公司和东方化工公司合作建设硝酸铵项目的批复》（北方能源化工发〔2011〕37号）；

4. 硝酸、硝酸铵等附属产品价格明细表。

√正确用法

附件：1.《星辰化工公司和东方化工公司合作协议书》

2.《关于提请批准〈星辰化工公司和东方化工公司合作协议书〉的请示》（星辰化工发〔2015〕114号）

3.《关于星辰化工公司和东方化工公司合作建设硝酸铵项目的批复》（北方能源化工发〔2011〕37号）

4. 硝酸、硝酸铵等附属产品价格明细表

附注标注不规范

附注在成文日期下空一行、并左起空两字开始写，不写“附注”二字。一般用来添加该文件的联系人和电话，并用圆括号括起来。

○举例背景

星辰化工公司的请示文件。

×错误用法

星辰化工有限公司

2021年2月1日（空4字）

附注：联系人 张某 联系电话13000001234

√正确用法

星辰化工有限公司

2021年2月1日（空4字）

（空2格）（联系人：张某 联系电话：13000001234）

2.2.6　成文日期不规范

成文日期是指公文的生效时间，成文日期可以反映出此份公文产生的时代背景和切实用意。如果没有成文日期，人们就不知道公文内容的产生时间，很难给当前工作提供有用的参考，自然就影响要求办理事项的进度，还会造成立卷归档困难。正因为成文日期的重要性，所以标注不规范，就会严重影响公文的严肃性。

成文日期错写

成文日期，一般是以领导人最后签发的日期为准，不能将拟稿日期当作成文日期；经会议讨论通过的决议、决定等，以会议通过的日期为准；联合行文，以最后签发机关领导人的签发日期为准。一般性的公文，以实际印发的日期为准。成文日期应当写明年、月、日，不得简写。

○举例背景

星辰化工有限公司《关于做好2021年春节期间有关工作的通知》是2021年1月28日拟稿，流转经公司全部领导审批通过后，于2月1日印发。

×错误用法

成文日期为2021年1月28日

√正确用法

成文日期为2021年2月1日

成文日期错用汉字

成文日期，使用阿拉伯数字。

○举例背景

《关于做好2021年春节期间有关工作的通知》的成文日期写法。

×错误用法

二〇二一年二月一日、二零二一年二月一日

√正确用法：

2021年2月1日

月、日编虚位

成文日期月、日不编虚位。

○举例背景

《关于做好2021年春节期间有关工作的通知》的成文日期写法。

×错误用法

2021年02月01日

√正确用法

2021年2月1日

成文日期位置不当（此处讲的是对于需要加盖印章的公文）

（1）单一机关发文。

单一机关制发的公文，成文日期右空4字。一般在成文日期之上、以成文日期为准，居中编排发文机关署名。

○举例背景

《关于做好2021年春节期间有关工作的通知》的成文日期位置。

×错误用法

第一个字向左越过发文机关第一个字，或与发文机关向左靠齐。

星辰化工有限公司　　　　（或）　　　　星辰化工有限公司

2021年2月1日　　　　　　　　　　　　2021年2月1日

√正确用法

星辰化工有限公司

2021年2月1日（空4字）

（2）两个单位联合行文。

联合上报的公文，可以由主办单位加盖印章；联合下发的公文，发文单位均应加盖印章。当联合行文需加盖两个印章时，主办机关在前，依次署名发文机关，加盖印章，最后一个印章端正、居中下压发文机关署名和成文日期。印章互不相交或相切。

居中下压，是指印章、发文单位署名和成文日期的纵向中心线重合，印章下边缘与成文日期下边相切。

○举例背景

星辰化工公司人力资源部、市场销售部联合拟制文件《关于统计我公司2018年—2020年销售人员薪酬发放情况的通知》，发文日期是2021年2月3日，该文件的成文日期位置如下。

×错误用法

联合行文只署主办机关（人力资源部）名称；虽然署了联合发文所有机关名称，但只加盖主办机关印章。

√正确用法

该《通知》属于联合下发公文，依次署名人力资源部和市场销售部，并加盖印章。

人力资源部（盖章）　　市场销售部（盖章）

2021年2月3日（空4字）

（3）三个及以上单位联合行文。

当联合行文加盖3个以上印章时，成文日期的标注和两个单位联合行文是相同的。每排最多排3个印章，互不相交或相切。最后一个印章端正、居中下压发文机关署名和成文日期。

○举例背景

星辰化工公司市场营销部、技术研发部、财务管理部，联合拟制文件《关于统计公司2018年—2020年科技创新投入及技术转化情况的通知》，发文日期是2021年2月10日，成文日期位置如下。

×错误用法

联合行文只署主办机关（市场营销部）名称；虽然署了联合发文所有机关名称，但是只加盖主办机关印章。

√正确用法

依次署名发文机关，各自加盖印章，最后一个发文机关的印章，压住发文日期。

市场营销部（盖章）　技术研发部（盖章）　财务管理部（盖章）

2021年2月10日（空4字）

第3章　公文的写作素材

很多人觉得公文难写，其根源是写作素材搜集得不够多。俗话说，“巧妇难为无米之炊”，没有米，再巧的妇人也做不出好饭，写作亦同做饭，没有素材，再有才华的人也写不出好公文。从学习写公文到熟练写公文的过程，是一个不断收集素材、积累素材、最终将素材内化随时为己而用的过程。

素材收集到底有多重要？一位资深文秘曾说过，写一份稿子，时限是一周内，一般光找素材至少会花掉三四天，然后才动笔。就我而言，上班第一天，领导就给我布置了一份关于建设煤电联营基地的调研报告，周围的同事也替我捏把汗，但是我一点都不慌。因为我知道，不管是写什么，第一步肯定要搜集资料，只要资料搜集得够充分，就不愁写不出文章。所以，我首先去问了领导，他那里是否有相关资料，他把他手头的资料都递给我了，包括：会议纪要、产业分析报告、公司经营情况分析，以及前期调研资料等应有尽有。我花了两天时间，把这些资料从头到尾详细看了一遍，将自己觉得有用的部分圈圈点点整理出来，然后列出大纲呈报领导，他看后做了一些调整，我就开始写，反反复复几轮修改，一周后调研报告成功出炉，并且受到领导的肯定，从此我便正式开始了写公文生涯。所以，找素材的重要性可见一斑。

3.1　如何搜集写作素材

什么是公文的素材？素材，绝不仅仅局限于我们平常看的书，搜集到的各种名人名言、精辟论述、形象比喻、新鲜提法之类的材料。只要是搜集到的、未经过整理加工的分散的原始材料，在经过集中、提炼、加工和改造后，可以写进材料中的，都是素材。素材必须要足够多，才能知道怎么写。那么，从哪里搜集素材，搜集什么素材，对很多人来说，也是一件非常头疼的事。要么是没有素材，要么是有素材，但不知道该怎么用。

其实对于写公文来说，缺少的不是素材，而是发现素材的眼睛。公文写作素材的分类主要有以下四种：来文背景资料、法规政策文件、工作进展报告及近期领导讲话。

来文背景资料

很多情况下，上传下达的文件、参加各种会议的文件材料等，都是非常重要的写作素材。在不违反保密纪律的前提下，与自己工作相对应、相联系的上级会议、文件材料都要尽可能拿到手，认真学习，深入分析，了解上级关注的工作重点，把握其原则、举措和要求。

例如，如果你是综合行政部门的文秘，在2020年底，起草本公司2021年的年度工作计划，那么，你必须要知道上级公司的2021年度工作计划，从总公司的大方向中，找到与自己公司相关的工作安排，作为本公司的未来一年度重点工作来列举；同时，要搜集国内近半年来你所在行业举行会议的相关材料，从中寻找与自己公司相关的发展机遇，与工作计划相结合，作为明确的工作举措来执行。尤其是所在省、市行业主管部门在新年度工作部署会上的一些讲话文件，也是需要借鉴和参考的重点资料。

作为公文写作者，平时要养成“三留存”的习惯。

一是留存上级单位下发的文件，尤其是与近期重点工作或所处工作板块相关的内容，只要是自己能接触到的，一定要尽力保存在固定的文件夹中，没有电子版的，也需要拍照留存。二是留存平时开会时发的文件、发言等资料，开会时很多领导的发言中，会融合一些较新的观点，预测一些政策导向和行业发展趋势，时效性很强，非常有用。三是留存纲领性的文件、讲话内容，如《十九大报告》《习近平总书记关于国企改革发展和党的建设的一系列重要讲话》，这些文件是要打印出来放在手边，平时写公文的开头、结尾以及一些关键提法，都是来源于此。

法规政策文件

写公文，首先要遵守国家法律的明文规定，所以对于公文写作者来说，必须要熟知并掌握我国的法规政策文件，特别是所处行业领域的法律法规、政策意见等。在收集法律法规及政策性文件时，要对全文进行收集，包括文件名称、文件编号、发布机构、发布时间和执行时间。写作时，在遇到引用国家法律法规、方针政策和上级文件的情况，务必要与原文逐字逐句核对，保证准确性。

那么，要收集的法律法规和常用政策包括哪些呢？

一是涉及本行业的相关工作内容的法律法规及政策性文件；二是企业经营或项目建设等方面所涉及的，从国家到省、市、县（区）和党委政府各委（办、局）出台的法律法规及政策性文件；三是有效的法律、法规、规章、制度、政策、标准、意见、讲话、会议纪要、通报、法律条文解读、最高法相关解释等法律法规及政策性文件；四是全社会的特殊时期，如疫情期间，中央和各级地方政府出台的相关临时性法规及政策性文件。

例如，对于一个在企业工会工作的人来说，一是涉及本行业的相关工作内容的法律法规及政策性文件，包括：我国的《工会法》《劳动法》《劳动合同法》《社会保险法》《就业促进法》《妇女权益保障法》《民法典》《就业促进法中国工会第十七次全国代表大会报告》《企业工会工作条例》《中国工会章程》《中华全国总工会关于加强公司制企业民主管理工作的意见》《女职工劳动保护特别规定》等一系列常用政策法律法规，是必须要熟悉和掌握的。有一本书叫《中国工会常用政策法律法规大全》，里面非常详细地记录了在我国负责工会工作所需要熟知和应用的法律，收录全面，便于查找，准确性高，非常实用。在工作中，与行业相关的法律条款，对于公文写作者来说，是必须要熟记于心的，尤其是常用条款及相关内容一定要记录在笔记本上，既可以随写随用，常温常新，又能充分展现出良好的职业素养。

工作进展报告

写文章时，有详有略，写公文同理，有大局规划，也有具体措施。很多提纲挈领的内容可以通过从政策法规等各类素材中吸收借鉴，但是当涉及业务知识的内容时，这时候就需要参考相关行业的发展情况报告，最好是相关企业的工作进展报告，甚至是本单位近几年来的工作进展报告。

例如，起草向上级单位汇报项目工作进展的报告。动笔之前，自然要想清楚怎么写、要解决什么问题。因为上级单位分管该项目的领导是新调来的，而且，项目自建设以来，一直都是上级单位关注和支持的重点项目，所以，必须及时向上级单位汇报项目工作进展，内容要详尽，包含项目建设之初至今的发展情况，并且提出对于项目建设后期的看法以及哪些方面需要支持。

要想写好这个报告，需要搜集的资料有：自项目建设以来的所有工作进展报告，年终工作总结报告，给上级单位及各政府主管部门的工作汇报，本公司重点项目的建设情况，中央、省、市关于该项目产业发展的重要决策部署文件，所在城市该产业发展历程的介绍材料，本市工业项目投资情况等。

近期领导讲话

领导讲话为什么重要呢？

第一，站位高。领导在公开场合的报告和重要讲话，都是站在组织战略层面的高度来写的，涉及的事项涵盖企业生产、经营、管理等方面的大事，是写公文的政策来源。第二，指导性强。领导讲话稿中的重点内容之一就是总结和指导工作，有对形势的分析、全局的总结，也有当前及今后一段时间内的宏观性的思想、政策、原则、方针，是写公文的大政导向。第三，实操性强。讲话稿中从思想上到行动上，都对提出问题、分析问题做了深刻剖析，最后还回答了怎样解决问题。

那么，如何搜集领导讲话？

一是要常看新闻。收看中央电视台的新闻联播、地方台的新闻报道，以及人民日报和地方报纸等，搜集党和国家领导同志最新的讲话精神，抓好公文

在宏观层面的方向把控。二是要常上网站。关注各级政府网站，包括国家政府网、所在省市政府网站、国资委网站、行业相关主管部门的网站等，随时查看并下载领导参加会议的讲话内容，梳理重点强调问题。三是要专注会议。重点关注主要领导和分管领导的参会情况，及时到公司网站或内部文件流转系统中，搜集相关讲话，汇集成册，研究学习，提炼其新思想、新观点和新要求，作为写公文时提出具体措施的遵循和参考。

其实，在搜集写作资料的过程中，除了要寻找与写作主题相关的资料，涉猎更广的内容范围对开阔思路、激活灵感有很好的作用。参加过公务员考试的人都有同感，要想写好申论，就一定要多看这些刊物杂志，如《人民日报》《北京日报》《环球时报》《人民论坛》《党建杂志》《中国改革》《求是》等，里面最值得我们学习的是，将一些我们习以为常的现象拔高到了理性认知的高度，我们在写作时借鉴一下，必然能将公文提升到一个新的高度。

从写材料上的时间分配来说，搜集素材应该花的时间最多。而且，收集素材应贯穿整个材料写作的全过程，持续不断地进行，拟稿时、修改时，依然可以根据实际情况搜集和使用新素材，直到最终满意。搜集素材的途径有搜索引擎、翻阅文献、查阅档案、采访调研和观察记录。

3.1.1　搜索引擎

说到搜索引擎，很多人想到的就是百度、谷歌。然而，百度和谷歌只是搜索引擎的代表之一。其实，关于公文写作的内容，很多帮人获得知识的平台都适合获取写作素材。目前用得比较多的是百度文库、微信公众号。

百度

百度，是我们日常使用最多的搜索引擎。从百度可以看到各个平台的信息，基本能实现全网搜索。对于公文写作来说，百度中最推荐的功能是百度文库。百度文库里面，关于公文写作的内容很多，很全面，搜索一个关键字，可以看到不同类型的文稿。最好注册一个账号，看到需要的文章就下载下来。

百度百科近几年添加了很多应用软件和工具的操作视频，直观性和指导性很强。

微信公众号

关注关于公文写作的优质微信公众号，平时多看看推文，无意中看到好的关于公文写作方面的文章，可以收藏起来，以备不时之需。平时如果不知道如何搜索微信公众号文章，可以登录“搜狗微信”。这个网站是专门用来进行公众号文章搜索的。

3.1.2 翻阅文献

文献的分类

文献，是有历史意义或研究价值的图书、期刊、典章。我们可以搜集的文献，包括以下几类：

一是统计类文献，指国家统计局和各级地方统计部门定期发布的统计公报、定期出版的各类统计年鉴，各种经济信息部门、各行业协会和联合会提供的定期或不定期信息公报，国内外有关报刊、杂志、电视等大众传播媒介，各种国际组织、外国商会等提供的定期或不定期统计公告或交流信息。

二是会议类文献，指国内外各种博览会、交易会、展销定货会等营销性会议，以及专业性、学术性会议上所发放的文件和资料。

三是经济类文献，指工商企业内部资料，如销售记录、进货单、各种统计报表、财务报告等，各级政府公布的有关市场的政策法规，以及执法部门有关经济案例。

四是学术调查类文献，指研究机构、高等学府发表的学术论文和调查报告等。

网上文章那么多，为什么要看文献？因为文献是专业论述，并经权威机构收录发布，具有更强的权威性和指导意义。发表过论文的人都知道，做研究的基本理论来源之一就是文献。

如何查找文献

文献查找的原则是，先查书籍，再查综述，最后查论著；先查中文再查外文。查找的范围是根据自己想要的内容，查找近3年的中文期刊。通常查找权威杂志上相关研究领域权威人士撰写的综述类文章。这类文章信息量大，论述精辟，有助于让我们掌握重点和焦点内容，而且能为我们指明研究领域的大方向和框架。

不仅要查阅文献，还要查阅文献的文献，有助于寻找到最原始的资料，不同的人不同的解读方式，有利于启发自己的思维。从哪里查找文献？以下是常用的数据库网站：

- 维普网、中国知网、万方数据库、龙源期刊网、中国期刊网、百度学术数据库。
- 中国博士学位论文全文数据库、中国硕士学位论文全文数据库、国家哲学社会科学学术期刊数据库、哲学社会科学外文OA资源数据库等。
- 求是理论网、中国社会科学网、人民网理论频道、人民论坛网、光明网理论频道、党建网、旗帜网、中国新闻网等。
- 国家图书馆、首都图书馆等各省线上图书馆。

如何阅读文献

读文献的两个原则。

一是多数文章看摘要，少数文章看全文。看完摘要就基本上能明白全文的重点，在时间有限的情况下，可以重点看结论、措施、办法等；二是集中时间看文献。要想深挖自己所要了解的内容，需要集中在一段时间内对文献进行深入研究。

阅读文献的三种方法。

一是做笔记。标记重点句子，用自己的语言将文章的重点内容描述出来，提出自己的见解，将文章中的精彩之处（凡是值得自己学习的地方）重点标记出来；二是勤思考。看文献时，必须要懂得抓重点，找思路，主要是学习别人的思路和表达，比较自己遇上这样的问题会怎么解构问题、分析问题和解决问题；三是广阅读。不仅要阅读关于公文写作方面的文献，还应该读和自己从事工作相关领域的文献，因为文献的研究内容是最前沿的理论成果，专业知识的增加对于提升自己写作能力是很有帮助的。

3.1.3 查阅档案

搜集写作素材要把握一个很重要的原则，就是真实。而档案则是来源真实可靠的一手素材。档案，是组织或个人在以往的社会实践活动中直接形成的清晰的、确定的、具有完整记录作用的固化信息。档案一般划分为五种类型：法规型档案、辞书型档案、教科书型档案、专著型档案和论文型档案。

写公文时，经常会引用过去文件的内容，最稳妥的办法就是一定要找到原文件。在对一个持续很长时间（时间跨度在10年以上的）的项目做总结汇报时，一定要查找到项目最开始启动时所有的会议材料、合作意向书等重要文件，查找这些文件，必然需要去储存档案的相关科室去查找到最原始的资料。

平时工作中，看到上级单位下发的文件，尤其是与近期重点工作或者自己的工作板块相关的内容，就一定要扫描留存电子版、复印留存纸质版；出去开会，会上发的文件汇编、发言汇编必须都要带回来，有空翻看一下大纲或者内容提要，说不定哪句话或哪段话，在写材料的时候就可以用上了。

3.1.4 采访调研

写调研报告也是日常工作中常碰到的任务。顾名思义，调研报告，离不开调研。只有深入调查研究，才能写好调研报告。通常，如果要针对某件事情做决策，只有把关于这件事情的所有信息尽可能都掌握了，才能做出相对正确的决策。信息掌握得越全面，判断的准确性越高。同样，要想写出一篇有价值的调研报告，就要尽可能多地搜集相关信息，也要提高对未来发展方向的判断能力。

采访调研，是一种有针对性地了解情况、搜集材料的有效方法。通过采访调研获得的材料通常比较具体、直接、翔实，调研报告的撰写，既要有总的看法，又要有具体实例。总的看法就是透过感性材料把握事物发展的整体性和规律性；具体实例是对个别现象的合理把握，来证明和丰富对客观规律的认识。

在调研中，尤其要注意的是要搜集关于对调研对象的定量描述材料。如调研发现某部门的重点项目进展顺利，怎么个顺利法？则必须要有能够反映顺利程度的素材，一般涉及工程进度如何、取得多少项成果等指标。说某单位的生产量、销售量在近几个月都得到大幅提升，必须有能够反映产量和销量的真实数据，同期的产量销量数据，可以纵向比较。

在实际工作中，为了搜集素材，专门腾出时间进行采访调研是并不常见的。所以搜集基层信息的另一个途径就是约稿，让调研单位和部门及时将工作进展反馈到行政综合部门，形成第一手材料。在进行调研前，通知调研单位提前按要求准备所需要的材料。如要了解全公司各部门信息化工作完成情况，让各部门及下属单位提供其信息化工作的各项指标数据和相关材料，包括办公设备信息化情况等，从而对全公司的信息化建设情况有了总体的了解，只要进行数据的整合就可以写入报告。

3.1.5　观察记录

要写好会议纪要，从带上录音笔开始。会议纪要的要求是将会上所讨论的事项完整准确地表达出来，所以，作为拟稿人，在开会的时候必须要带上录音笔，尤其对于新手来说。开完会后，将录音反复听、记录，再反复修改，直到得到一份将会议议题讨论结果完整准确陈述的会议纪要。在长期的撰写会议纪要的锻炼中，就可以慢慢地不依赖录音笔，自己可以用纸笔记录重点，即会议的议题和讨论结果，所以，公文写作也是一个熟能生巧的过程，写得多了，自然就写得快了。

多留意领导的讲话。以笔者个人的经历来说，在刚开始写公文的时候，领导会把一些他认为重要的、对写稿有帮助的材料递给我，让我在写作的时候借鉴用。有时候稿子写完了，领导修改后，我发现又加上了一些他平时总是挂在嘴上的白话。例如，在写报告时，我写的是“通过积极努力，拿下了项目，获得了许可”，领导看后改成“通过积极努力，项目终于跑下来了”，所以，我就慢慢养成了在平时就留意领导常说的话、认可的材料。哪些是领导认可的材料？一是他主动递给你让你学习的材料，二就是他曾在公开场合讲过的材料，三就是他呈报上去的材料。这些材料，要经常收集，有空就翻看，有助于了解领导的工作思路，能够准确切入公文的写作重点。

善于观察也是非常重要的。因为你为哪个领导拟写公文，其必然要带有哪个领导的风格色彩。所以，在日常的接触中，必须要善于观察领导的行事特点，多倾听他的工作历程和生活故事，多了解一些领导在工作中的细节，在写公文的时候，可以适当加入一些细节的描写，让事实的叙述更加形象。

3.2 如何利用搜集来的素材

搜集素材一般是基于两种目的：一是接到工作；二是用于积累。目的不同，保存素材的方法也不同。

若是接到工作，先建一个空文件夹，以“工作任务+时间”命名，在此文件夹里面再建一个文件夹，以“素材”命名，然后把找到的所有相关的内容，包括通知文件、背景资料、过去的总结、百度搜索结果、自己资料库里与工作任务相关的素材，都复制到这个文件夹里面。然后仔细地对这些素材进行阅读分析，慢慢地才能形成一篇稿子的框架结构，再多看几遍，也可以继续再搜集，也就逐步拥有了能够填充框架的内容。

3.2.1 素材筛选有重点

其实在接到工作任务后，第一件事并不是急着去找素材，而是去跟领导沟通。你必须要问清楚领导布置此项工作的目的和要求，一般在和领导沟通的过程中，他说的内容，也就是写作的重点。例如，他说：“谈谈这几年在主要污染物指标置换的过程中，咱们都做了哪些工作，现在进展到什么程度，后面还需要哪些支持，才能继续把这个工作做下去。”由此可知，要搜集的重点内容有：一是已做的工作；二是现在的进展；三是后续工作。围绕这些重点要搜集哪些素材？一是过去关于此项目的工作总结和工作报告；二是近年来环保方面的政策文件；三是关于项目已经取得的相关证书。

搜集资料时，要做到尽可能广泛，因为信息越全面，在写稿时越可能表述准确。在第一轮筛选素材时，需要查看是否有自己需要的内容，毫无关联的果断删除。按照重要程度对素材进行排序，因为计算机中文件存放的排序规则一般是按照名称排序，即按照第一个字的首字母在26个英文字母中的位置来排序。所以，我们可以将文件按照1、2、3……阿拉伯数字来表示重要程度，这样最重要的一般可以显示在文件夹的最上面，便于查找。在查阅文件的过程中，对于使用次数高的文件也可以重新命名，放在前面，便于使用。

3.2.2　阅读笔记必须做

对素材进行第二轮筛选，也就是对素材的内容进行阅读学习时，每一份文件也不是逐字逐句地阅读。针对不同的文件，就要用不同的方法，即详读和略读。

哪些需要详读呢？文件的基本结构、文件的主题句、每一段的首末句、作者的态度需要详读；文章中的转折处、重要标点符号、句子的主干需要详读。

哪些需要略读呢？论据部分需要略读，我们知道论据是细节性的，是用来支撑论点的，论点明确，论据可以读得较快。同样，对于段落而言，段落主题是重点，后面一般用详细的描述或者例子来解释，这些可以略读。

无论是详读还是略读，读文件必须要做阅读笔记，因为要写一份叙述详细结构完整的文件，常需要花费1—2周的时间甚至更久，查找资料也会占据将近一半的时间，查阅过的每一份文件中，其中某些内容甚至是一句话、一个词你可能用到，那就一定要做笔记，将文件名称、发文时间、页码段落行数都要记清楚，后续查找起来非常方便，省时省力。

3.2.3 思考比较非照搬

通过前期的寻找，找到了一些有用的文件资料等，然而，并不能全部照抄照搬，因为你当前所要拟的公文，和以前的公文并不相同，可能是文种不同、报送机关不同，或者发文目的不同。即使是写同一份工作总结，今年的工作总结和去年的工作总结也是不同的，领导风格不同，要求就不同；时代政策不同，业务侧重点就不同；突发事件不同，公司战略就不同，所以，只能是对查找到的素材，结合领导的要求、国内外政策的变化等，进行思考、整理出自己需要的，进行再加工。如何进行借鉴学习？下面介绍三种办法。

一是换结构。一篇公文的结构和逻辑，一定是拟稿人按照出文的需求，通过自己的思考排布出来的，可以说，是凝结了拟稿人心血的劳动所得。所以，人与人之间在逻辑思考方面的差别，一定会在文章结构的排布上体现出来的，要想不被认定是照搬原文，就必须要对文章的结构进行更新置换，即在拟稿时融入自己的思考，先列出自己的逻辑主线，对于一些可以用来支持自己论点的内容，再选择性地借用。

二是换说法。除了诗词名句可以直接引用，别的都不可以照搬原话。怎么非照搬论述呢？即在对文章进行学习研究后，对于想要借鉴的内容，反复阅读推敲，真正把内容理解了，然后练习自述，直到能用自己的话把内容准确表达出来，绝不能直接把原文复制粘贴过来。

三是多杂糅。上网搜集查看各种文章，至少要看够几十篇，才能找到写作的感觉，知道从哪里下笔。每篇文章有不同的精华所在，也有不少能与我们自身实际相吻合的点，所以，切勿吝惜吸收他人文章的精华为己所用，不要羞于借鉴，要敢于借鉴、善于借鉴，多借鉴才能摸出写各种公文的方法和思路，消化、吸收和创新，才能写出真正属于自己的文章，练就内化于心的写作本领。

其实，一篇文章的精华和亮点并不多，有的文章有几个亮点，有的甚至只有一个亮点，在灵感枯竭思维卡壳的时候，应该跳出当前写的这篇公文，再看看别的文章，一篇不够，多看几篇，通常灵感在瞬间就迸发出来了，你就知道怎么下笔、怎么过渡、怎么接续了。

例如，已经构思出一句话或一段话的大概意思，但是自己很难用语言准确地表达出来，那么，在百度输入你想要表达的关键词、或者片段的语句，然后搜索看看有没有相关的表达。

再者，如果想表达某个观点，但不知道怎么表达得精准得体，那么，就去搜索相关的例子、故事、数据。不知道如何表达得生动出彩，那么，就去搜索相关的金句、诗词、排比句等。

素材是公文大厦的图纸，启发我们的思路，又是公文大厦的砖瓦，可以直接充实进去。一篇公文几乎所有的内容和环节，从思路到观点、结构、标题、论证、例证、金句等，都与你所搜索到的素材有关。

3.2.4　整理保存有条理

找到的资料怎么保存，才能条理分明，易于查找呢？我们引入一个概念，叫作“文件管理”。文件管理的第一步是对文件进行分类。一般情况下，计算机文件分类有一个重要原则是抓大放小。什么意思呢？就是人的精力是有限的，太过追求文件的细致分类，不仅增加了归档流程的复杂程度，也增加了查找文件流程的难度，所以，分类不宜太细。

对于公文写作者来说，所要遵守的原则是可大可小，即在适当的情况下，是需要用到“详细分类法”。例如，对于已经写过的公文，第一级分类是按照公文的种类，分为通知、函、请示、总结、报告、计划等，对于每一项进行第二级分类，则按照年度来分，又如，对于总结来说，可以分为2019年、2020年、2021年等；再对每一项进行第三级分类，即按照总结对象的不同，分为个人总结和单位总结；最后，再对每一项进行第四级分类，即按照总结的时间期间分为年度总结、半年度总结、季度总结、月度总结。

进行分类的时候，先按照类别分类，再按照时间分类。为什么？因为查找文件时，一定是先筛选属性，再筛选时间，属性的分类更细，第一步的筛选已经节约了很多时间，比如说，领导让你找出来2019年给上级单位报送的一份请示文件，你获取的关键信息顺序是：请示、2019年，然后从请示文件夹里面找2019年的文件，一定比从2019年的文件夹中找请示容易得多。

3.2.5 数据引用要核实

写公文时，为更加直观地反映问题，会频繁地使用数据。一般情况下，数据的来源有以下三个渠道：一是过期的正式文件中的数据；二是下级单位给上级单位报上来的数据；三是公开网络平台的文件。

首先，过期正式文件中的数据已经不具备时效性，而公文中领导需要的数据往往都是最新，所以，引用时必须要进行核实；其次，对于下级单位给报上来的数据，对于准确性上还有待于我们运用“沟通的艺术”去再度核实；最后，对于公开网络平台的文件，要到一些政府门户网站，去查找政府工作报告等一系政府政策文件，或者到正规网站去查找期刊文件，以搜集到尽可能准确的数据。

第4章 公文的语言规范

4.1 公文的语言逻辑要求

说到逻辑，我们可能并不陌生，因为说话、写文章都离不开它。对于语意混乱、读起来费解的文章，我们会说写得一点逻辑都没有。什么是逻辑？逻辑，最早起源于希腊文，意思是思维、理性、规律等，现在，逻辑最普遍的解释就是思维的规律。

科学家曾发现，在形式上对思维进行训练，也就是对逻辑的学习和掌握，可以让人改变固有的思维限制，学会用科学的认知方法，对周围的人、事、物做出迅速而准确的判断，于是，人们开始重视逻辑。恩格斯在《反杜林论》中将逻辑学分为辩证逻辑和形式逻辑。形式逻辑研究的是思维的形式和规律。

思维，是人在头脑中用逻辑进行推导的过程。面对不同的学科，我们运用思维时涉及的对象是不同的。例如，学习数学时，思维涉及的对象是数量、图形等；学物理时，思维涉及的对象是声、光、电、力、热等；学习政治经济学时，思维涉及的对象是生产力、生产关系、商品、价格、价值等；学习化学时，思维涉及的对象是化学元素、有机物、化学反应等。

由此可见，不同的领域具体思维涉及的对象是不同的。但是，即使思维涉及的对象各不相同，但是在进行思维时运用的思维形式是相同的。

例如：

①所有商品都是有价值的。

②所有有机物都是化合物。

③所有的恒星都是自身发光的。

以上句子中：①句是属于政治经济学领域的具体思维，它涉及“商品”和

“有价值的”这些特殊的对象。

②句是属于化学领域的具体思维，它涉及“有机物”与“化合物”这些特殊对象。

③句是属于物理的具体思维，它涉及“恒星”与“自身发光”这些特殊的对象。

以上这三个判断所涉及的特殊对象，就是这三个判断的思维内容，即“商品”“有机物”“恒星”。

用“S”与“P”来分别代表“所有”与“都是”后面紧跟的表达。根据不同的情况，“S”与“P”都是可以变化的，所以，“S”与“P”被称作变项，“S”叫作主项，“P”叫作谓项，我们可以用任何的具体概念去代换“S”与“P”。

所以，上面三个判断所共有的思维形式就是：所有的S都是P。可以说，那些需要填充进公式的内容就是思维内容，整个公式的表达就是思维形式。形式逻辑研究的就是思维形式。

公文写作的每一个环节都涉及三大基本要素，每一篇公文都需要严格遵循逻辑学的基本规范。通常说公文写作的指导理论是逻辑学，一般是指形式逻辑学。概念、判断、推理是形式逻辑的三大基本要素。

4.1.1 正确运用概念

概念与逻辑的含义

概念是逻辑的基本元素，离开概念，一切逻辑无从谈起。在形式逻辑中，概念是反映对象本质属性的思维形式，也就是说，它是一个名词或者一个短语。例如，地球、水杯、清洁工、已故的烈士、天安门广场上的游人等。

概念的两个基本逻辑特征是它的外延和内涵。概念是指思维对象的本质属性，也就是我们从概念的字面上能够得到的信息。例如，“地球”这个概念的内涵就是为太阳系由内及外的第三颗行星，能够提供适宜的温度和水分适合生

物生存的行星。概念的外延，是指所有具备这一本质属性的事物，也就是说，如果把概念看做一个集合，那么外延就是这个集合内的所有事物。例如，“水杯”这个概念的外延包括玻璃杯、不锈钢杯、陶瓷杯、保温杯等所有具备杯子本质属性的事物。

概念是逻辑思维中判断与推理的基础，也是公文写作的基础。如果对概念认识不清，那么与这个概念有关的语言都会变得混乱模糊，判断与推理就难以进行，或者产生错误的结论。

概念之间的逻辑关系

概念之间的逻辑关系有：并列、包含、交叉和重合。

并列关系包括矛盾关系和反对关系。

矛盾关系是指两个概念的外延是互相排斥的，这两个概念的外延之和组成了它们所属概念的全部外延。例如：“男人”和“女人”。

反对关系，是指两个概念的外延是互相排斥的，这两个概念的外延之和不能等于他们所属概念的全部外延。例如：“红色”和“绿色”。

包含关系，是指一个大范围的概念外延和另一个小范围的概念外延之间的关系。例如：“杯子”和“保温杯”，“电脑”和“显示屏”。

交叉关系，是指外延有且只有一部分重合的两个概念之间的关系。例如：“青年”和“学生”。

重合关系，是指外延完全相同的两个概念之间的关系。例如：“祖母”和“奶奶”。

公文写作时如何准确运用概念与逻辑

公文写作必须准确运用概念，注意概念的内涵和外延，理清概念之间的逻辑关系，注意以下几点：

（1）概念的内涵要准确。

例如：盘活存量，整合资源，为职工群众提供便利的氛围。

解析：对“氛围”的内涵理解错误，“氛围”的内涵是气氛和情调，这里应该用“条件”。

（2）注意概念的外延和大小。

概念有大小之分，对于多个概念，首先要搞清概念之间的种属关系，明确哪个大、哪个小，不能把关系弄混淆。

例如：从当前情况看，企业法律风险的管控主要是合同风险管控。

解析：外延过窄，法律风险包括的范围有：合同风险、法律纠纷风险、知识产权风险、重大决策法律风险等。

例如：我公司高度重视女职工权益的保护，通过采取一系列措施，营造关心维护女工小组建设、帮扶救助生活困难人员的氛围。

解析：“女职工”的外延过宽。

（3）概念之间的逻辑关系易混乱。

两个及以上概念用顿号连接，原则上是并列关系，常出现顿号连接的概念是包含关系、交叉关系，造成逻辑混乱。

例如：要组织好一个大型会议，就要将综合协调、文秘材料、后勤保障、安全卫生工作都提前做好安排。

解析：概念不当并列，从是否并列的角度讲，此句中的“安全卫生”概念与其他概念不并列；从概念的内涵上讲，“后勤保障”里已经包含“安全卫生”，所以，“安全卫生”不能与前面的“综合协调”“文秘材料”“后勤保障”相并列。

（4）偷换概念。

偷换概念是把本质属性不同的概念故意当作同一概念来理解和运用的逻辑错误。

例如：每个人都是有知情权的，所以我可以随意查阅机密文件。

解析：把“知情权”的概念偷换为“随意查阅机密文件”，意在证明“随意查阅机密文件”合规，实则是违规的。

4.1.2　正确运用判断句式

判断句式的概念

判断，就是对思维对象有所肯定或有所否定，一般是陈述句，也可以是反问句。判断句的谓语是名词或名词性词组，主语和谓语用“是”来连接。

判断句的表达功能很强大，总体来说，有以下几种功能：一是表类属关系，如“他是共产党员”；二是表等同关系，如“钱学森是我国爱国知识分子的杰出典范”；三是表比喻，如“青少年是祖国的花朵”；四是表示主语和谓语之间的逻辑关系，如“春游是快乐的”；五是表示造成结果的原因，如“她迟到是因为路上堵车了”。

判断句式常见错误及正确运用

公文语句中，判断句所占比例非常高。通常判断句的错误是因为对所判断对象的性质定位不准确。

（1）性质判断。

通过对判断对象有所肯定或有所否定，来断定对象是否具有某种性质，因此必须如实反映客观事物的情况。我们知道“双重否定就是肯定”，如果正确恰当使用多重否定的表达方式，可以增强判断的逻辑力量；如果运用不当，就会导致联项错用，判断虚假。

例如：判断句“谁也不能否认这场活动是没有成功的”。如果原意是想强调这场活动是成功的，那么此句就是错误地运用了三重否定，使判断成了一个否定判断，与原意完全相反了。

（2）要真实客观地反映对象与性质之间联系的程度。

在很多情况下，简单地说“是”（或“不是”）不足以说明事物的实际情况的，所以，为了判断正确，还须作出更确切的限定，来说明是怎样的“是”或“不是”。常用的限定词有：“基本上是”“主要是”“大体上是”“根本上是”“更加是”“尤其是”等。

例如：判断句“此次事故暴露的主要问题是：一是对隐患的排查治理不认真、不负责，二是应急处置不力，三是违规违章作业，四是规划设计不合理”。事故暴露出的问题大大小小有很多，限定为主要问题，则可以概括问题的大多数，表达更为确切。

（3）表类属关系或等同关系。

这时，用“是”连接的前后内容的中心词应是同种属性。

例如：环境基准研究是构建现代环境治理体系的薄弱环节。判断的主项与谓项性质要相同。

4.1.3 正确运用推理句式

推理的概念

推理，是由一个或几个已知的判断，推出一个新的判断的思维形式。任何一个推理都包含已知判断、新的判断和一定的推理形式。推理，在语言形式上表现为因果关系。公文写作中，常见的推理句有：“因为……所以……”“由于……因而……”“因此”“由此可见”“之所以……是因为……”等。

推理常见错误及正确运用

推理运用常见错误是因果倒置、无法推出、自相矛盾等。

（1）因果倒置错误。

例如：为了加快将科研成果转化为现实生产力的步伐，必须大力研制廉价原料来扩大产量，因为转化为现实生产力了，就可以批量生产。

解析：研制出廉价原料才能扩大生产，才能加快将科研成果转化为现实生产力。并不是转为生产力，才能批量生产。

（2）无法推出错误。

例如：近年来，我公司的安全生产工作得到了很大提升，安全生产标准化达标率达100%，这充分表明了我们的群众路线工作理念得到了很大的转变。

解析：安全生产工作提升，无法推出群众路线工作理念转变。

（3）自相矛盾错误。

例如：当前我公司的绝大多数下属法人公司完成了改制，可以说，我公司的国企改制工作已全面完成。

解析：前面说大多数完成，后面说全面完成，自相矛盾。

4.1.4　正确运用语言的模糊性

语言模糊的概念

公文写作强调语言的准确性，但也不应排斥模糊性。

例如：

①省领导将于近期到我公司调研民营企业信息化工作。

②此次事件的影响是极其严重的。

③通过此次谈话，我的思想觉悟进一步得到了提升。

解析：在以上①②③句中，“近期”“极其”“进一步”等均是模糊语。

公文语言的模糊性，也就是体现在模糊语言的运用上。模糊语言，其实也是一种弹性语言，也就是说语义表达清晰，但概念外延不确定。模糊性是相对而言的，实际上有些话不可能说得十分具体，一具体了反而不准确了。

例如：

①2021年8月，我公司成立了一个以老带新的技术攻关小组。

②2021年8月8日8时8分，我公司成立了一个以经验丰富的老师傅带新员工的技术攻关小组。

解析：①句中的“2021年8月”与②句中的“2021年8月8日8时8分”相比较，前者显然是模糊的，但表达效果则更加得体。①句中的“以老带新”虽是模糊概念，但是实际使用效果比②句更佳。

可以看出，准确性和模糊性是对立统一的，它们在一定条件下可以相互转化。

在公文写作中，哪些情况可以用模糊语言表示？

（1）在事物本身处于模糊状态时，用模糊语言来表述更显准确。

例如：近几年，我公司科技中心组织实施了一些科技研发项目，取得了一些专利，但是荣获国家级奖励的项目仅有少量几项。

解析：“一些”“少量”都是模糊语言，然而作为总体陈述来说，用模糊的语言表达，意思却是清楚明白的。

（2）在无需精确表达的情况下，运用模糊语言更简洁精练。

例如：近几年来，为了落实学习培训效果，公司通过开展专题培训、外出学习、交流研讨、精英上讲台等多种方式，做好差异化和结构性培训。

解析：其中的“近几年来”“多种”就是明显具有模糊性的语言。公文写作中，这些模糊词语的使用，如“近几年来”“长期以来”“个别人”“任何人”“各种措施”“进一步提高”“一些地区”等，都是对公文表达内容的高度概括，此处如果使用精确语言一一列举，反而使公文变得繁琐冗长。

（3）事情本身处于动态的发展中，运用模糊语言更具灵活性。

很多事情难以立刻下结论，模糊语言的使用可使表述留有余地，变通执行，防止一刀切。

例如：7月6日，我公司召开了年度科技大会，现将会议材料印发给你们，望认真学习领会，抓好贯彻落实。

解析：给公司各下级部门、单位转发会议材料，并提出了要求“望认真学习领会，抓好贯彻落实”，并没有指出明确的学习贯彻措施，受文单位可根据本单位实际情况，来制定相应的贯彻方案。

（4）太过绝对反而不真实的情况下，运用模糊语言更符合常理。

例如：在《表彰决定》中写：“某同志爱岗敬业，甘于奉献，一年里没有一个节假日、双休日不在自己的岗位上度过。”

解析：“没有一个节假日、双休日不在”表达得太过准确和绝对，改成“节假日、双休日几乎都在岗位上度过”这样的模糊语言，反而显得更真实。

使用模糊性语言，可以使表述更加灵活有弹性，但是过多地使用或不恰当地使用，也会造成语义不明，影响公文效果，所以，在写作时要恰当运用模糊语言，既要注意模糊语言的使用分寸，也要结合语境，与精确语言搭配使用，才能使公文内容的表达效果呈现出理想的状态。

4.1.5　应用句与整体层次的逻辑关系

常见的逻辑关系有因果关系、并列关系、交叉关系、对立关系、先后关系、大小关系、上下关系等。在公文写作中，会遇到以下逻辑关系错误的问题：

（1）句子前后的因和果完全不搭边，也是自相矛盾的一种表现。

例如：人工智能在 20 世纪70年代初至80年代中，实现了从理论研究走向实际应用、从一般推理策略探讨转向运用专门知识的重大突破。1968年，斯坦福大学费根鲍姆研制出了化学分析专家系统……1976年，西蒙和纽厄尔提出“物理符号假说”……1984年，莱斯利提出科学习理论，开创了机器学习和通信的新时代。

解析：先说“20世纪70年代初至80年代中”，要是直接提及“1976……”则顺理成章阐述说明，可紧接着却说“1968年……”，与首句的限制性时间语句前后不搭、自相矛盾。

（2）“措施”与“结果”不对应。

采取某项措施之后，所衔接的“结果”或“效果”，必须是直接的、对应的，而不是间接的、不对应的。

例如：各部门要强化认识，对照排查发现的问题，查找监督管理、体制机制漏洞，营造积极向上、干事创业、风清气正的良好政治生态。

解析：“发现问题、查找监督管理体制机制的漏洞”，并不是“营造积极向上、干事创业、风清气正的良好政治生态”的必要且充分条件。

（3）前后关系颠倒。

一般情况下，在处理前后关系时，要先虚后实，先上后下，先大后小。

例如：按照集团公司关于优化企业制度的相关要求，为优化内部流程，加强企业管理……

解析：应当“目标”在前，“要求”在后，即为“为优化内部流程，加强企业管理，按照集团公司关于优化企业制度的相关要求”。

4.1.6 讲究用语的准确性

准确，是公文语言的基本特点和第一要求，具体表现为：遣词造句能够明确表达观点，明确阐释做法，明晰表述事实。要表达准确，则用语必须准确。用语准确，应注意以下四点：

明辨词义，精准选用中心词

在公文写作中，必须要掌握辨析同义词差别的能力，能在众多的词汇中，精选出最恰当的一个来准确地表达意思。例如，“制定”与“制订”的区别：两者都有起草设计的意思，区别是“制定”侧重将设计好的内容确定下来，一般用法是“制定规章制度”，“制订”侧重从无到有的设计和创造过程，一般用法是“制订学习计划”。“资金”与“经费”是近义词，都是指金钱，但是“资金”是指用于发展国民经济的物资或货币，“经费”是指经办事业支出的费用，对于此类近义词的使用应仔细区分。

加上修饰词限定事物

为使表达更清楚，要在中心词的前面加上修饰词，来对事物的程度、范围、性质等做出限定。

例如：在撰写关于安全事故的通报时，应当明确时间、地点、性质等多方面因素。应该这样写：“××××年××月××日××时××分，××企业发生了一起××××泄露引起爆炸，致使×人死亡、×人重伤的安全事故。”

正确使用关联词

为准确达意，清晰脉络，常会使用多种关联词语。写公文时，开头部分通常会交代发文的原因、根据、目的、经过等，常选用“由于……”“根

据……”“为了……”“经研究”等关联词语。

例如：根据工作需要，现需对我单位××××部的一名空缺岗位进行补充……

少用不确定的副词和形容词

写公文可以使用模糊语言，但不代表要经常使用模糊语言。一些有不确定意义的副词，如“也许”“基本上”“大体上”“绝大部分”“普遍”“几乎”“差不多”“很”“太”等词语，使用时要根据具体情况恰当选用，用多了会让文章显得空洞。还有像“大致尚可”“未尝不可”“基本同意”“事出有因，查无实据”等模糊用语，也是要避免使用的。

4.2　公文常用的语言处理规则

严肃庄重、简洁凝练是公文语言最基本的特征，所以用语需严格遵守语法规则，不能使用不规范的语句，避免出现歧义，也要避免使用口语中的习惯语句。例如：不能用“别了，北京！”这样的带有语气色彩的句式代替“离开北京”这样规范的书面用语。

公文语言处理的规范，主要来源于《党政机关公文处理工作条例》中的规定，和一直以来沿用的传统语句，尽量使用公文语言，避免使用口语化的语言，可以适当采用修辞，但要避免使用抒情文艺体。

4.2.1　生动的修辞手法

公文语言追求平实，那么为什么要在公文中使用修辞呢？因为，同样一个意思可以用各有差异的语言来表达，而有没有运用修辞，功效也是大不相同的。适当地在公文中运用修辞，可以使得公文读起来不再是晦涩难懂，更加易于理解，让群众喜闻乐见，例如，用“跳起来摘桃子的精神制订目标推动工作”，是不是比“用积极进取的态度制订目标推动工作”更加形象生动？公文中，一般常使用的修辞有以下几种：

引用

引用分为两种，第一种就是引用日常生活中人民群众喜闻乐见的话语，用群众的话解答群众的困惑。

例如：在讲到加强作风建设时，用一道数学题引出作风问题“90%×90%×90%×90%×90%×90%≈59%。90分看似一个非常不错的成绩，然而在多个工作环节中，如果每个环节都打点折扣，最终得出的成绩就是不及格。”

解析：引用一道数学题，来说明执行过程中，多个环节打折扣，最终依然是不合格，所以要有100%的执行、100%的坚守，才能干成事业。

第二种是引用中国传统诗词。

例如：“‘看似寻常实奇崛，成如容易却艰辛’。过去的2020年，是极不平凡的一年，是砥砺奋进的一年，也是岁物丰成的一年。这一年，面对突如其来的新冠肺炎疫情和大幅波动的市场，我们始终把坚持党的领导、加强党的建设作为根本任务，用生动实践再次证明了党建工作做实就是生产力、做强就是战斗力、做细就是凝聚力。”

解析：“看似寻常实奇崛，成如容易却艰辛”，此句出自宋代王安石的《题张司业诗》，意为看似寻常的创作，实际是反复锤炼的结果。在这里，意在说明在2020年异常特殊的国情下，面对严峻的市场形势，坚持党的领导、加强党的建设是生产保障、生活保证的有力基石。

比喻

善用比喻，通过用打比方、讲故事，将深刻的道理用浅显易懂的语句表达出来。

例如：在写2020年的工作总结时，结尾写道，“新的一年，我们要大力发扬‘为民服务孺子牛、创新发展拓荒牛、艰苦奋斗老黄牛’精神，抢抓机遇、凝聚共识、形成合力、狠抓落实，为‘十四五’开好局、起好步作出新的更大的贡献。”

解析：用“为民服务孺子牛、创新发展拓荒牛、艰苦奋斗老黄牛”分别来比喻我们要坚定为人民服务的宗旨意识，不断开拓创新，继续发扬先辈们艰苦奋斗、敢为人先的精神，为企业、国家和人民奉献自己的力量。

排比

通过运用恰当的排比，给人一气呵成之感，能够增强语言气势，加强说服力。

例如：在工作报告中，领导说到“一分部署，九分落实，希望大家发扬钉钉子精神，强化执行稳扎稳打，把各项工作落到实处取得实效。要提高政治站位抓落实……要聚焦重点任务抓落实……要健全工作机制抓落实……要增强本领素质抓落实……要树立正确用人导向抓落实……要加强作风建设抓落实……”

解析：以六个落实分别从全局的高度把工作的方方面面都提及到了，从政治站位到重点任务、工作机制、本领素质、用人导向及作风建设，所用的动词从提高到聚焦、健全、增强、树立、加强，程度一步步加深，从制度、引领、资源、作风等方面形成保障工作落实的闭环。

为了避免造成认知偏差，一般在公文写作中不建议使用夸张、反语和双关之类修辞。

4.2.2　精要的文言词语

公文写作可以恰当运用文言词语，达到“言半功倍”的效果。如“拟”“承蒙”“兹有”“值此”“经由”“贵”“否”“故”“尚”“悉”“若干”等词语的运用，在公文写作中很常见。

（1）文言词语和现代词语的不同。

文言词语中单音节词居多。单音节词，就是一个字的词，这一个字可以表示一定的意义，如“可”“日”“目”“忆”等。双音节词，就是由两个字组成的词，如“可以”“太阳”“眼睛”“回忆”等。

例如：“因贵单位反映情况属实，故应予支持。”

解析：这里的“贵”“故”“应”“予”等均属文言单音节词，用在公文中，显得凝重简练。

（2）单音节词的运用。

公文语言本身是不适宜使用双音节词的“因为”“虽然”“如果”“应该”等，如需要使用时，要加以改变为单音节词的“因”“虽”“若”“应”等。

例如：公司给各用户单位发送《关于紧急调整下半年月度交易价格的函》中，文中交代了因为近期原材料价格大幅上涨导致购电价格也出现上涨，所以希望各用户单位理解我公司的经营情况并同意上调签约电价，结尾部分这样写：

①以上内容，如蒙同意，望贵单位尽快以正式函件的形式回复我公司以达成协议。

②特此函达。望贵司回复为盼。

解析：此文中的“蒙”“贵”“望”“特此函达”“回复为盼”等均为文言。②句中用了十一个字，就表达出了①句需二十多字才能表达的意思。可见在公文写作中，文言词语有其特殊的使用意义，虽简短但内涵丰富。

公文中使用文言句式的频率比其他文体要高。像“凡……者”“值此……之际”“请予以……”等文言句式，用在公文中，既简练又规范，能有效地满足公文语义精简明确的要求。

4.2.3 借助常用术语提升语言风格

因为公文的种类的差别，导致每一种公文都需要使用不同的专业术语，以形成其固定的语言风格。

根据不同的公文种类，将常用术语划分为以下几类。

命令、决定、通告、公告、通报等下行文，用语要态度鲜明，多用带指令

性语气的词汇，如“必须、务必、坚决、严禁、切勿”等，以体现原则性和严肃性。

报告、请示、意见等上行文，多用汇报、请求的语气叙述和说明情况，因此常用“恳请、敬请、拟请、建议”等词语，以体现对上级的尊重。

平行文则多用平等协商的语气，常用“贵、承蒙、为荷、望、为盼”等词语，以体现友好、礼让和谦逊的态度。

根据公文内容要素，将常用术语划分为以下几类。

（1）称谓语。

即公文中对不同的行文对象的特定称谓用语。常见的有“贵”“该”“各”“本”“我”“你”“他”等。写作时，应当根据不同的行文方向和隶属关系，恰当选用，不可随意为之。

（2）起首语。

它在文中的开篇，起着非常关键的作用，要重视起首语的运用，因为能否开个好头，直接决定公文写得好坏。常用的起首语大致可分为四类：一是表目的类，如“为”“为了”等；二是表根据类，如“根据”“遵照”“按照”“依照”等；三是表原因类，如“鉴于”“由于”“随着”等；四是表态度、方式类，如“兹定于”“兹有”“兹派”“兹将”“兹介绍”“欣闻”“欣悉”等。

（3）经办语。

表示关于公文事项办理进度的关键词，常用的有“拟定”“拟于”“草拟”“布置”“部署”“计划”“决定”“安排”“审核”“审批”“审签”“批阅”“批复”“出示”“出具”“付诸”“会同”“会签”“会审”“会晤”“实施”“施行”“公布”“颁布”“发布”“颁发”“报请”“报告”“报批”“呈报”“呈请”“呈阅”“递交”“申报”“递送”“送审”“传阅”“提请”“准予”“签发”“签署”“签字”等。

（4）时间语。

常用的有“最近”“目前”“不久前”“迅即”“时期”“时效”“时宜”“顷刻”“过去”“现在”等。这些时间语，多是表量模糊而表意准确的模糊语言。

（5）期复语。

常用的有“请”“务请”“恳请”“即请”“请示”“望”“希望”“务希”“即希”“尚希”“尚祈”“尚盼”“尚望”“接洽”“商洽”“商定”“商议”“商酌”“须即”“须经”“务须”“应予”“应当”“悉力”“悉心”等。

（6）询问语。

常用的有“当否”“妥否”“可否”“是否可行”“是否同意”“是否妥当”“意见如何”等。

（7）表意语。

常用的有“应”“拟”“责成”“批准”“同意”“欠妥”“不妥”“照办”“禁止”“取消”“力戒”“力避”“切勿”“切记”“严惩”“严厉”“查询”“查勘”“查证”“酌定”“酌办”等。

（8）敬语。

常用的有“承”“承蒙”“不胜”“大力”“通力”等。

（9）过渡语。

用来链接公文前后层次、段落及语句。常用的有“为此”“现将”“特作”“基于”“对此”“据此”“总之”“由此可见”等。

（10）结尾语。

公文结尾的固定性语句，有其特殊的作用，使行文显得简洁、凝练、庄重。常用的有“此令”“此复”“特此通知”“特此报告”“希照此办理”“请即遵照执行”“现予公布”“妥否，请批示”“请予函复”等。

4.2.4　常见概念的精确表达

在公文中，关于时间、空间、地方、数字等概念的表达方面，存在特殊的规范。

（1）时间的表达。

在公文中，要表明时间，应避免使用时间代词，须使用具体日期。例如“上月以前”“去年上半年”等表达，概念含糊不清，容易引发歧义。所以年份要写明，并且要写全年号，不得省略，又如，“2003年”不能写成“03年”。

（2）地方的表达。

公文中需要写明地方的时候，城市、地区、县区、乡镇等名称第一次出现在文中时，不属于中国的地方应该写明国别，属于中国的地方按照所属省、自治区、直辖市的顺序写明。所有的国名和地名都应该是国家公布的全称，一般不使用别称和简称。

（3）空间的表达。

除出于特殊需要，如保密限制，公文中的空间概念都需精确表达。为防止产生误解，一般不使用代词，如“这里”“那里”来指代地方。

（4）数字的表达。

公文中，经常用到数字，来表达事物发展的程度。通常不用“增长×倍”或“减少×倍”的说法，只能用“增长百分之多少”或“减少百分之多少”。数字的单位必须使用国家法定计量单位。

除结构层次序数和词（例如：一本书）、词组（例如：两重含义）、惯用语（例如：第二次世界大战）、缩略语（例如：“三个代表”重要思想）等具有修辞色彩语句中作为词素的数字必须使用汉字外，其余均使用阿拉伯数字。

需要注意的是，公文中，“二”与“两”的用法有以下区别：“二”，一般用作序数，例如“第二”“二月（即二月份）”“二次大战（即第二次世界大战）”等。“两”通常与量词连用，表示累计数量，例如“两个”“两次”等。

（5）职务的表达。

人物的职务、姓名须用全称。若一个人身兼数职，要按照由大到小，先党后政、先国内后国外的顺序一一列出。国外人士的姓名、职务应以新华社公布的标准译名为准，译名之后一般应用圆括号注明其外文名称。

（6）范围的表达。

表示全部的词语，通常有“所有、全部、凡是、完全……”等。表示一部分的词语有“有些、一些、部分、大多数、绝大多数”等。在具体使用的过程中，要明确表达出范围，不能在一个句子里面既使用表示全部的词，又使用表示部分的词，以免前后矛盾。

（7）程度的表达。

公文中，表达程度的词有“很、太、最、更、更加、极其、非常、尤其、十分、过于、特别、比较、多么、大致”等副词，“这么、怎么、这样、如何、如此”等代词，起到修饰、限制、补充的作用。

（8）数量的表达。

表达物品数量的概念时，一般量词要写在名词的后面。例如：想向社会公告为乡村小学捐献的物品数量时，应写的是“椅子10把，书本20套等。”

因为公文在词语的使用上讲求意思明确、表达精确，忌用一词多义、容易产生歧义和误解的词语。所以，公文在安排部署工作、通知召开会议或组织某项活动时，一般不用“下周星期一”之类的词语。

例如：发布会议通知时，将时间描述为“我公司将于下周三（9月12日）下午3：00召开公司信息化考核推进会议”。

解析：此处的“下周三”就是一个不定和多义的词；如果用了，则必须在后面补充注明具体的年、月、日。

4.3 常见词语使用错误及处理办法

4.3.1 巧用口语，避免滥用口语

公文中的口语，一般包括成语、方言、惯用语、谚语、歇后语、顺口溜、网络词汇等。

党的十九大报告庄重严肃，但其中也根据不同语境的需要，在表达时灵活多变地采用了口语。

例如：

“中华民族伟大复兴，绝不是轻轻松松、敲锣打鼓就能实现的。”

“确保国家粮食安全，把中国人的饭碗牢牢端在自己手中。”

“坚持房子是用来住的、不是用来炒的定位。”

“解决好世界观、人生观、价值观这个‘总开关’问题……”

解析：这些轻松明快的表达方式，吸收和提炼了在人民群众中产生的新鲜词汇，是对群众生活中接地气生活方式的应用。在彰显公文严肃庄重的前提下，又拉近了与人民群众的距离，一触即通，事半功倍。

不同公文在口语的使用上是有差异的。议案、函、请示、报告等公文，除了会用到“四个自信”“四个意识”“两个一百年”等，一般较少使用口语。

口语的使用必须把握合适的度，过多使用口语，必然会使公文失去其严谨、庄重的特色，影响发文效果。

（1）慎用方言。

方言的使用面很窄，只适用于局部地域内，因为超出某一范围的受众就很难理解其意。如“圪蹴”一词，是陕北方言，北京话叫“蹲”、四川话叫“跍”，如果不加解释，非本地人很难懂得其意。

（2）避免大量使用俗语俚语等语言，应使用正规的书面语言。

例如：关于某干部的考核材料中写道：“张三，他的媳妇叫王萍，没有工

作，为了攒钱，开始做小买卖，他有个儿子，在某市第一中学上学……”

解析：“媳妇”“没有工作”“攒钱”“做小买卖”“有个儿子”“上学”均是口语，不符合公文应使用书面语的要求，过于随意，应改为：“张三，其妻王萍，无业，为了积累财富，从事个体工商业，育有一子，就读于某市第一中学……”

（3）有选择地使用口语。

根据行文类型和口语类型，有选择地使用成语和惯用语等，不影响公文的正式与庄重。谚语、歇后语等在一些较为庄重、严肃的公文中不宜使用。顺口溜和一些方言、俚语等尽量少使用，但在一些反映民生、民情的描述性公文中出现，也可显得更加贴切。

4.3.2 避免使用晦涩词语

避免生造简称

在公文写作中，我们可以常见有固定事物的缩略语，如“三个代表”“四个自信”“四个意识”等。所以，写作中适当使用缩略语，可以使公文语言简明。当然，公文中使用缩略语，必须要规范化，否则就容易闹笑话或酿成大错，如“国务院港澳事务办公室”可以缩略成为“国港办”，“市场管理委员会”不能缩略为“市委”或把“城市公共基础设施建设办公室”缩略为“公基办”。

正确使用公文缩略语，要注意以下两点。

（1）约定俗成。

所谓约定俗成，是指某种事物的名称或社会习惯是由广大群众通过长期实践而认定或形成的。比如“十九届五中全会”“国港办”“三个代表”“四个自信”“四个意识”等都是约定俗成的缩略语，便可在公文中直接使用。

（2）先全后简。

有的事物名称未约定俗成，但是文字较多，且需要在公文中反复出现，就

应当在第一次出现该名称时采用全称，然后用括号标注：以下简称“某某”，例如，“特制订《××公司行政公文写作规范》（以下简称《规范》）”。

避免使用生僻词

生僻词不仅难以识读，更因为用得少，不知其意，那么用得合适与否就更难以判断了。

例如：

耆宿（qí sù）：特指年高有德望者。

耄耋（mào dié）：年纪很大的人。

倥偬（kǒng zǒng）：困苦窘迫。

蹀躞（dié xiè）：迈着小步走路的样子。

桎梏（zhì gù）：手铐脚链。

箪食壶浆（dān sì hú jiāng）：军队受到群众的拥护、爱戴和欢迎。

4.3.3　对易错字词的处理

写公文运用某些字词时，常会遇到同义词或近义词，所以在使用时经常容易混淆。在近义词辨析时候，应该讲求“求其同，辨其异”，从词汇意义、语法意义和色彩意义三方面进行辨析。

词汇意义辨析

（1）语义轻重不一样。

虽然是互为近义词，但是表达的语义轻重不同，如“急待”和“亟待”。二者都是表示紧急等待办理，前者是“紧急待办”的意思，强调时间紧迫，后者是“极须，急迫待办”的意思，更强调意义重要性，甚至还包含问题的严重性已达极点的意思。

（2）语义侧重点不一样。

如果抓住一些近义词的不同侧重点，使用时就很容易区分开。如“权利”和“权力”，前者指依法行使的权利和享受的利益，着重强调权益，后者着重强调政治上的强制力和支配力。所以，使用时，“妇女享有与男子平等的劳动权利”是正确的。

（3）语义范围大小不一样。

有些近义词虽有相同的指示意义，但是有的近义词语义范围不同。如“战争”和“战役”，都有战斗的表意，前者指民族之间、国家之间、阶级之间或政治集团之间的武装斗争，它不指某一具体的战事，它包括了在这个时间、空间里所发生的一切故事，范围广。后者指为实现一定的战略目的，按照统一的作战计划，在一定的方向上和一定的时间内进行的一系列战斗的总和，范围较小。

语法意义辨析

有些词由于词义、词性不同，在搭配对象方面也不同。在写作时运用一些典型的搭配，有助于节约时间，提高写作效率。如“记取”和“汲取”，前者强调强记，后者强调在加工、提高基础上吸取。二者适用对象和情况有所不同：对自己或内部的事或现成的经验教训，多用记取；对他人或外部的经验教训、营养等，则用汲取。固定搭配有“记取教训”“汲取营养”。

色彩意义辨析

（1）情感色彩不同。

根据不同的情感色彩，词语可以分为褒义词、贬义词和中性词。如“成果”和“结果”，都有最终状况的意思，但是前者强调事业上的收获，泛指好的一方面，是褒义词，而后者可以指好的一方面，也可以指不好的一方面，是中性词。例如，“屠呦呦取得的科学成果是举世瞩目的。”在这里用“成果”比“结果”更恰当。

（2）语体色彩不同。

不同的词语用在特定语体中。便拥有特殊的色彩，如“耸人听闻”和“骇人听闻”，前者指的是歪曲、捏造、无中生有的“事情”，或者是夸大的事态、歪曲事实的言辞，所指的事实本身不一定是坏的，后者指的是残暴、卑劣的事实，所指的是“坏到使人吃惊的程度”的坏人坏事。根据不同的场合，使

用不同的词语。

4.3.4 语言力求简洁

为了让人一看就懂，所以公文语言力求简洁。简洁不是简单，而是尽可能用最少的话将内容说明白，并做到严谨、有逻辑。要想做到简洁，有以下办法：

一是多用短句，少用长句。当前，我国现行公文的语言结构一般单句较多，复句相对较少，即短句较多，长句较少。因为短句的语言形式单纯、明快，便于他人理解，也符合公文语言简洁的特点，是目前公文写作中大力提倡的做法。例如，“由于我公司项目具有产业板块起步较晚、自身现有专业人才匮乏、建设规模较大及未来发展速度较快的特点，为保证项目能够尽早投产并安全经济运行且要在充分利用已经配置的人力资源的前提下，应采用委托运营管理模式。”读起来结构复杂，难懂，改成：“我公司项目产业板块起步较晚，现有专业人才匮乏，建设规模较大，且该行业未来发展速度较快，所以，为保证项目尽早投产并安全经济运行，且要充分利用现配人力资源，应采用委托运营管理模式。”这样意思不变，更简洁有力。

二是想清楚，多推敲。拟文者要把公文的篇章结构和脉络层次构思清晰，才能在写作中突出重点，详略得当，避免长篇累牍。例如，为客户写业务分析报告时，开头写：“根据我公司年初制定的销售计划以及2021年1—10月国家外贸形势，贵公司自2019年起就委托我公司代理其产品的进出口服务，我公司收取相应的服务费用，现将2021年1—10月我公司为贵公司提供代理服务的情况分析如下。”

其实，客户与公司合作的服务模式为公司代理其进出口业务，然后收取费用，这是双方所共知的，开头则无需赘述，所以应删除。改成：“根据我公司年初制定的销售计划以及2021年1—10月国家外贸形势，现将2021年1—10月我公司为贵公司提供代理服务的情况分析如下。”

三是反复看，大胆删。写完要反复多看几遍，竭力将可有可无的字、句、段删去。做删除要讲求“三必删”原则。

一是不能支持观点的必删。例如，员工年度培训计划中，想要表达当前员工技术培训力度不足，则用近几年员工人均参加技术培训学时，对比人均培训学时较少，则可以说明问题。若再介绍所有培训的种类，及参加培训的总人数增多，则并不能支持观点，这类内容必删。

二是前后重复同一件事情的必删其一。例如，在写工作总结的时候，前半部分介绍了工作中遇到的一些困难，注意要分条写，后半部分则针对这些困难和问题分条列出对策和建议，简洁有用即可，无须把困难再写一遍。

三是带有浓厚感情色彩的描述句必删。例如，在写关于某件事情的进展报告时，对于某项证件的办理过程描述为，“在我公司人员向工作人员毕恭毕敬地递交了我公司全部材料后，工作人员对比清单，仔细认真地核查了全部资料后，笑着对我们说，‘通过了！’”这样的语句放在叙事作文里面是没有问题的，但是出现在公文中是极其不妥的，用简单的一句话描述即可，“我公司及时向工作人员递交了全部资料，经其审核已通过”。

4.3.5 杜绝“假大空”

刚开始写公文的时候，有些人总喜欢套用一些模板式的套话，如，写到整改措施，总是要有“建立健全制度流程”“完善机制体制”“建立完善长效机制”等，写到工作目的和意义，总是要有“为深入推进国家机制体制改革”等，结果出现“太大太空”的问题。写公文需要以现实为落脚点和出发点，对于企业的公文写作者来说，写公文是服务于企业、服务于职工，那么所写的公文一定是与企业环境相贴合、与员工实际相关联的。所以，不说假话、不说大话、不说空话。

首先，不说假话，这是写公文的底线。不能把个别现象说成普遍规律，不能把偶然事件说成必然结果，不能把假的说成真的，不能为了支持论点就捏造事例，不能毫无根据篡改数据。

其次，不说大话。就是在写公文时要实事求是，不能为了显示成绩就人为拔高数据；不能为了凸显文章的思想高度，就提出一些不合实际难以实现的目标。要结合实际，沉下心去思考应如何将领导的指示和要求落到实处，再组合带有自己真情实感的语句，才能写出接地气的公文。

最后，不说空话。如“一把手亲自抓，分管领导协助抓，主管部门直接抓，有关单位配合抓”这些空话套话，乍一看没什么问题，细一品就发现全是空话，没有具体措施，怎么抓，说了等于没说。

在写作中讲假话、大话和空话，就是脱离了实际，一旦脱离了实际，只是进行一些词藻的堆砌，不仅失去了公文服务于管理的目的，还会使得拟文者长期得不到滋养和锻炼，更别提进步了。

第5章　公文写作方法

5.1　公文的篇章布局

这里所说的公文结构，指的公文正文的结构。公文正文的结构可以分为两个层次：一是表面的外在形式，二是深层的逻辑结构（详见5.2）。表面的外在形式，就是指公文的层次、段落、语句在文面上的排列组合呈现出的形式，很直观，一眼就能看出来。常见的公文外在形式有篇段合一式、撮要分条式、分列小标题式、条项贯通式、章断条连式、并列式等。

5.1.1　篇段合一式

内容简短，事项单一，文字不多类公文，可选择这种结构。这种层次类型，是指一篇公文的主文部分，不分篇与段，篇段合一，即只一个自然段。出现这种结构是由其主旨所决定的。从外在形式上看只是一种单一型层次，但一段之内却有层意推进方式的不同。

一些内容简单的公文常采用这一模式，全篇仅一段、一层。如发布、转发、批转性通知，报送性报告，内容简单的命令、决定、公告等一般采用这一模式。

例文：

关于印发《××公司工程建设管理办法》的通知

各部室、各单位：

《××公司工程建设管理办法》（试行）已满一年，在总结经验和听取各方面意见的基础上再次进行了修订，现经公司会议审议并通过。现将修订后的

《××公司工程建设管理办法》印发给你们，请认真贯彻执行。

特此通知。

附件：《××公司工程建设管理办法》

××有限公司（盖章）

××××年××月××日

5.1.2 撮要分条式

撮要分条式，就是将每一层次或每一段落的要点置于该层次或段落之首，然后逐一摆事实、现象加以说明，在各层次或各段落用顺序码标明，即“1.”等，称为“标项撮要，分项叙述”。使用该法，能使内容的表述具有简明性和条理性。报告、纪要、决定、决议、通报等文种常使用此法。专题性或专业性的会议纪要，一般采用分项撮要式，即在开头讲明情况后，或相接、单独用一段文字交代会议的中心议题，讨论情况以及总评价，然后开始详细说明内容，通常用并列的条段来逐项解释，每段开头标明序号，并且提出段落主旨句，一目了然。

公文的各个部分之间要有严密的逻辑联系，既不能前后内容互不相干，也不能前后内容相互矛盾，部分与部分之间可以呈因果关系、主次关系、并列关系等，总之各部分之间是有逻辑联系的。

所以，开头用一句总括句来归纳总结全段内容，也是为了呈现出条理清晰的局面，使阅文者快速把握公文的主要内容。

5.1.3 分列小标题式

分列小标题式，就是正文分为若干段、条，把每段、条的中心内容分别归纳为若干个小标题，置于每一段、条之上。工作总结、汇报材料、经验材料、

调查报告等文件，大都采用小标题式的文章结构。拟写小标题力求句式统一、凝练概括。小标题是对已确定写作内容的高度概括，有什么样的实际内容，就决定了有什么样的小标题。小标题有内容概括、工整对称、结构统一、言简意赅、概括准确、中心突出的特点。

小标题的常见类型有：主旨概括式、数字概括式、动词联想式等。

主旨概括式，就是小标题来源于后面所述内容的概括

在《2021年××省政府工作报告》中，在对“十三五”期间的工作进行回顾时，分别从以下几个方面来具体阐述：

我们持续深化供给侧结构性改革，经济增长实现趋稳向好。

我们坚定不移推进转型发展，新动能加快成长。

我们全面深化改革开放，发展动力活力显著增强。

我们持之以恒补短板，三大攻坚战取得决定性成就。

我们着力推动城乡融合发展，三晋面貌焕然一新。

我们尽心竭力改善民生，基本公共服务水平明显提高。

我们刀刃向内自我革命，政府效能不断提升。

在描述2020年的工作成绩时，又用如下五个小标题概括：

一是以非常之力统筹疫情防控和经济社会发展。

二是以战略之举推动创新生态建设和“六新”突破。

三是以持久之功推进转型项目建设。

四是以果敢之策攻坚改革“深水区”“硬骨头”。

五是以最严监管推动安全生产形势稳定好转。

数字概括式，就是数字和措施相结合

例如：××市确定的“123321”工作思路，具体内容为：

第一个“1”是贯穿“一条主线”，即高质量高速度转型发展。

第一个“2”是精准“两个定位”，即呼应××市圈龙头昂起的北翼成员、服务京津冀一体化发展的重要基地。

第一个“3”是践行“三新要求”，即立足新发展阶段、贯彻新发展理念、构建新发展格局。

第二个“3”是提升“三零创建”，即提升零上访、零事故、零案件单位创建水平。

第二个“2”是深化“两大战略”，即生态立市、稳定促新发展战略。

第二个“1”是致力于建设一个现代化的能源绿都、塞上明珠。

动词联想式，就是每一部分都涉及多个方面，只用具有共同概括意义的动词来表述，也就是所谓的角度提炼法

例如：在《××公司庆祝中国共产党成立100周年系列活动实施方案》里关于如何组织实施提出要求：

一、高度重视，精心组织。

二、注重宣传，营造氛围。

三、结合实际，强化落实。

5.1.4 条项贯通式

条项贯通式，就是全文从头至尾不分章节，全部都是按条目来贯穿到底的，每一条下面，按序号列出相关的款项，故称条项贯通式。这种结构形式，通常适用于编写规章制度，尤其是“办法”“条例”等。

具体写作方法是：第一条一般写公文的主题及行文的目的、依据、意义和作用等，从第二条起依次撰写“办法”的具体内容；先主后次，先从正面提出解决问题的办法，作出规定；后从反面提出解决问题的办法，作出规定；最后撰写附则的内容。

例文：

××市停车场管理条例

第一条　为了加强停车场的规划和建设，规范停车场的使用和管理，改善市容和交通环境，方便群众出行，根据《中华人民共和国道路交通安全法》《中华人民共和国城乡规划法》等法律法规，结合本市实际，制定本条例。

第二条　市、县（市）城镇开发边界内停车场的规划、建设、使用和管理适用本条例。

第三条　本条例所称停车场是指供机动车停放的室内或者露天场所，包括公共停车场、专用停车场和道路停车泊位。公交车、货车和危险物品等专业运输车辆停车场除外。

……

第十一条

……

第二十四条　违反本条例第二十二条规定，在城区道路路沿石至两侧合法建筑物之间区域未将机动车停放到停车泊位标线内的，由城市管理部门指出违法行为，给予警告、令其立即驶离；机动车驾驶人拒绝立即驶离或者不在现场，妨碍其他车辆、行人通行的，处一百元罚款。

第二十五条　行政机关、停车场管理机构工作人员违反本条例规定，玩忽职守、滥用职权、徇私舞弊的，由其所在单位或者上级机关给予处分；构成犯罪的，依法追究刑事责任。

第二十六条　本条例自2021年10月1日起施行。

5.1.5　章断条连式

章断条连式，就是把全文分为若干章，每一章下面的条目编号是前后相连的，即从第一章第一条开始，到最后一章的最后一条，自始至终连续编写序号。通常，这种结构形式适用于编写内容较多较复杂的规章制度。

因这种结构把全文分为总则、分则、附则三部分，第一章为总则，最后一章为附则，剩余中间的所有章统称为分则，所以又称为三则式结构。例如，2014年国务院公布《社会救助暂行办法》，具体内容如下。

例文：

社会救助暂行办法

第一章　总　　则

第一条　为了加强社会救助，保障公民的基本生活，促进社会公平，维护社会和谐稳定，根据宪法，制定本办法。

第二条　社会救助制度坚持托底线、救急难、可持续，与其他社会保障制度相衔接，社会救助水平与经济社会发展水平相适应。

社会救助工作应当遵循公开、公平、公正、及时的原则。

第三条　……

第四条　……

第五条　……

第六条　……

第七条　……

第八条　……

第二章　最低生活保障

第九条　国家对共同生活的家庭成员人均收入低于当地最低生活保障标准，且符合当地最低生活保障家庭财产状况规定的家庭，给予最低生活保障。

第十条　最低生活保障标准，由省、自治区、直辖市或者设区的市级人民政府按照当地居民生活必需的费用确定、公布，并根据当地经济社会发展水平和物价变动情况适时调整。

……

第十三章　附则

第七十条　本办法自2014年5月1日起施行。

5.1.6　并列式

并列式，就是从不同的角度，按照事物的不同，把表现主旨的观点、事实、要求、办法等分成若干部分，不分主次地划分层次。层次之间没有隶属关系，在内容上相对独立，显现出事物内在的并列关系。这种结构多数适用于决定、决议、会议纪要、批复等公文。

5.2　公文的逻辑结构

公文正文的第二个层次，就是公文的深层逻辑结构，是指公文的段落内容按照一定的逻辑联系在一起，组成一个内容完整、表达连贯的篇章。逻辑，就是事情的客观规律性。通俗地说，就是根据给出的条件来推出结论。我们经常会说一个人说话很有逻辑，意思就是他在表达的时候，能够清晰地把握一条主线，所运用的论据，能够充分支持他想表达的观点，这条主线就是逻辑。文章的逻辑是隐蔽的、内在的，无法一看就看出来，需要进一步地分析才能感受到。所以，公文的逻辑结构必然要遵循客观规律，按照事物发展的进程，来进行说明和阐述。

说到公文的逻辑结构，必然要知道公文正文的三要素：主旨、依据、分旨。主旨就是“干什么”，就是做事的目的和意图，依据就是“为什么”，也就是做事的理由，分旨就是“怎么干”，也就是做事的具体办法。大部分公文会遵循“为什么—做什么—怎么做”的逻辑结构，用公文正文的三要素来排序，就是依据、主旨、分旨。

所以，公文的逻辑结构也就从一定程度上，反映出写作者的逻辑思维走向。由此可见，逻辑结构是公文结构的根本，会影响公文的表面结构。

公文的种类很多，各类公文的功能不一样，所以，每类公文写作的逻辑结构也不一样。有的公文可以有一种逻辑结构形式，还有的公文可以有多种逻辑结构形式。

我们知道公文是因管理公务活动而生，一切管理活动都是有时效性的，同样，公文也是有时效性的。一篇具体的公文，其内容要么是以对未来的工作进行谋划指导为主，要么是以对已发生的事实进行总结陈述为主。这样来看，可以将公文分为两类：一类是以谋划、部署、规范将来工作为主的，可称为计划部署类公文。另一类是以陈述过去事实为主的，可称为总结报告类公文。

计划部署类公文的文种主要有计划、命令、决定、决议、通告、通知、意见、请示、批复、函等。通常重点回答的问题是“计划将要如何做这件事？”这是公文的主体部分，开头必然要交代为什么要去做这件事，即做这件事情的依据和目的。结尾是“要求或请求”“对策或将来的打算”等内容。所以，计划部署类的公文的基本逻辑结构是：为什么—做什么—怎么做。

总结报告类公文的文种主要有总结、报告、调查报告、通报等。通常重点回答的问题是“事情是怎么做的或发生的原因是什么？”，所以，这是公文的主体部分，开头必然要交代“做了什么事或发生了什么事，事情的进展如何”，即叙述、交代有关事实情况。最后的结尾是“要求或请求”“对策或将来的打算”等。总结报告类公文的基本逻辑结构是：提出问题—分析问题—解决问题。

对于计划部署类的公文，文种不同，其具体的逻辑结构也不尽相同。例如请示一般采取“提出问题—分析问题—提出解决的意见和建议—请求批准”的形式；通知一般采取“告知目的—告知事项—执行要求”的形式；工作报告一般采用“总述—分述具体做法、体会、经验等—存在问题和今后的打算”的形式。

现将各类公文的所有逻辑结构形式进行进一步的细分，大致分为以下7类。

5.2.1 “缘由—事项—要求”式

公文在结构上可以分为开头、主体、结尾三个部分，而公文的开头一般都是交代为什么要开展某项工作的原因，也就是“缘由”；主体部分交代开展工作的各项具体内容，也就是“事项”；结尾是针对前面布置的工作事项，提出一些执行、实施的要求或请求，也就是“要求”。这种结构通常用在通知等类型的公文中。

5.2.2　“为什么—做什么—怎么做”式

为什么—做什么—怎么做式，是公文最基本的逻辑结构形式，因为这种结构类型的适用面最广，涵盖的文种数量最多，如计划、命令、决定、决议、通告、通知、意见、请求批准的请示、请批函、商洽函等，都可以采用这种结构类型。

这种结构方式的开头通常阐述的是“为什么”，有时也会随后说明“做什么”，后面的主要内容就是在说明“怎么做”，所用的篇幅较长。但并不是所有用该种结构的公文的写作重点都是在“怎么做”，也有例外情况，如用来请求批准的请示，写请示主要是为了获取上级部门的批准，所以写作重点更倾向于“为什么”，开头部分就一定要交代清楚请示的原因和理由。而且，理由必须要合理充分，请示才有可能获批。所以，这种请示写作的重点通常是在开头而并不是主体。

还可以衍生出“为什么—做什么”或只有“做什么”这两种结构形式，一般是用在公布报送报告和一部分颁转性通知中。这种结构形式简单，全文通常就一两句话，直接说明公布或转发的是什么文件，要求下级单位贯彻执行。

5.2.3　“摆明情况—提出问题—期待答复”式

摆明情况—提出问题—期待答复式，是请示、询问函常采用的结构形式。这种结构形式中，“提出问题”是关键和核心部分，也是全文主旨，类似于基本结构形式中的“做什么”。“摆明情况”是“提出问题”的基础、铺垫，类似于基本结构形式中的“为什么”，也是依据。最后的“期待答复”即相当于基本结构形式中的“请求”。

这种结构中，没有与“怎么做”相对应的部分，因为请示和询问函的主要作用就是提出问题，等待上级的指示，具体怎么做是由上级单位给出的。

例文：

××县人民政府关于申请设立省级××经济技术开发区的请示

××市人民政府：

为响应省委、省政府提出的“大力推进开发区科学发展”的号召，紧紧抓住“转型跨越发展”和“转型综改试验区建设”的历史机遇，根据《××省经济技术开发区设立升级扩区和退出管理办法》（××政办发〔2015〕34号）和《××省人民政府关于大力推进开发区科学发展的意见》（××政发〔2011〕32号）精神，××拟设立省级××经济技术开发区。该区紧邻××都市区，位于××城镇密集区，属于××盆地经济区的核心地带，具有先天的地域优势，是承接××产业转移和开展产业合作的重要区域。（摆明情况）

开发区结构为：“一区两园”，规划占地面积××平方千米，其中：××新型工贸园，规划占地面积××平方千米，其东西长××千米，南北宽××千米，包括××乡所辖××个行政村；××铸造园，规划占地面积约××平方千米，规划范围：××路以东、××路以南、××国道以西，成“三角形”状。开发区以××新型工贸园为核心，××铸造园为辐射带动。（摆明情况）

目前，××县设立省级经济技术开发区前期准备工作已基本就绪，委托××公司编制了《设立××经济技术开发区可行性研究报告》，并已向市商务粮食局提出申请报告。现根据××省商务厅《关于组织开展经济技术开发区设立和扩区工作的通知》（〔2015〕××商开便字第22号），特申请市政府组织相关部门和专家进行论证，尽早实现省级××经济技术开发区落地成立。（提出问题）

妥否，请批复。（期待答复）

5.2.4 “点明答复对象—阐述答复意见”式

点明答复对象—阐述答复意见式，是批复、答复函、批准函、答复报告等答复类公文常采用的结构形式。在这种结构形式中，“点明答复对象”就是回答为什么要写公文，是因为要答复对方。“阐述答复意见”是针对受文方的问题，指出如何开展工作，有时也会根据实际情况提一些工作要求。

5.2.5　“提出问题—分析问题—解决问题”式

提出问题—分析问题—解决问题式，是总结报告类公文最常用的逻辑结构形式，是在以事实为基础，分析事情的成因和性质，并提出解决问题的对策、建议的结构形式，通常用于指示性通知、指导性通报、工作报告、调查报告、事故报告、专门性的决定、决议等公文。

5.2.6　“情况介绍—经验体会—存在问题及今后计划”式

情况介绍—经验体会—存在问题及今后计划式，也是工作总结、通报、报告等公文常用的结构形式。情况介绍就是介绍当前的结果和现状，经验体会就是对当前结果和现状的原因进行分析，结尾再提出存在的问题和以后的打算。这种结构形式，也叫作因果倒置式结构。

5.2.7　“总述情况—分述情况”式

总述情况—分述情况式，是用来向受文方告知和阐述已经发生的事情的具体情况。开头是总述情况，交代事情的背景、由来和概况，要让受文方读了开头部分，就能对事情的大概有初步的了解，后边的分述情况就是对事情的详细信息进行分层次阐述。这种结构形式的开头与主体之间，是总分关系，写作的重点在“分述”部分。

对于分述部分来说，因为是对事情进行详细阐述，所以可以嵌套另一种结构形式——“情况介绍—经验体会—存在问题及今后计划”式，即先摆成绩，再介绍经验，最后写存在的问题与今后计划，所以，这种结构形式一般适用于工作总结、报告、会议纪要、情况通报等。

5.3 开头与结尾的写作技巧

公文的开头，也称导语。开门见山，提出要点，是公文导语的原则和基本要求。公文由于内容、要求、目的不同，其导语的类型也呈多样性。常见的开头类型有根据式、引述式、目的式、概述式等；常见的结尾类型有总结式、强调式、号召式、规定式等。

5.3.1 开头：根据式与引述式

根据式

根据式导语这类导语，说明行文的根据。写明作为行文依据的法律、法规、规定、政策或上级机关的指示精神、事实情况和工作需要，以增强公文的权威性、严肃性和说服力。常用表示根据的介词“根据”“遵照”“按照”等组成介词结构。在公文写作中，此类型导语与目的式导语合并使用的情况较多。多用于通告、通知、决定、函、报告等公文。

例如，《关于进一步做好失业保险和最低工资有关工作的通知》（人社部发〔2008〕69号）的开头如下：

根据国务院关于成品油、电力价格调整有关工作的部署和要求，为保障失业人员和低收入职工的基本生活，现就进一步做好失业保险和最低工资有关工作通知如下：

这种把行文根据放在前面做开头的写法，在公文写作中运用得十分普遍。但要注意，运用根据式开头要避免把上级文件、有关规章等原文照搬，而要提炼出主要观点，作为写公文的依据。

引述式

引述式导语这类导语，引述相关机关来文或上级机关指示、有关法律、法规的名称，然后展开下文。多用于颁布令、批复、报告、函等公文。

例如，在《国务院　中央军委关于同意新建××民用机场的批复》（国函

〔2013〕89号）的开头如下：

××省人民政府：

你省《关于审批××机场项目的请示》（×政〔××××〕××号）收悉。现批复如下：

例如，在写《关于开展违规挂靠专项整治排查工作的报告》的开头如下：

根据集团公司《关于深入开展违规挂靠问题专项排查工作的方案》的要求，为了切实推动公司专项整治排查工作，我公司成立专项整治排查工作小组，及时开展了排查工作。现将专项排查工作报告如下：

引述式开头通常开门见山地说明了拟写此公文的目的和意义，简洁有力，是在当前公文写作中较为常见的开头拟写方式。

5.3.2　开头：目的式与概述式

目的式

目的式导语这类导语，表明行文的目的。旨在开宗明义，阐明要解决的问题，以引起受文机关注意。这是一种最常见的导语类型，其他导语类型常与其合并使用。常用表示目的的介词“为”“为了”等组成介词结构。多用于指示、公告、通告、通知等公文。

例如，《中共中央国务院关于进一步加强和改进大学生思想政治教育的意见》（中发〔2004〕16号）的开头如下：

为深入贯彻党的十六大精神，适应新形势、新任务的要求，提高大学生的思想政治素质，促进大学生的全面发展，现就进一步加强和改进大学生思想政治教育提出以下意见。

目的式开头也是公文写作中运用较多的一种开头方式，每发布一篇公文总有一个明确的目的，开门见山，直入主题。

概述式

概述式导语这类导语，用概括性语言陈述有关问题、情况或工作的基本过程，把公文所涉及的内容先作概述，然后再具体叙述。多用于通报、通知、报告及总结、调查报告等公文。开头运用概括叙述的方式，把公文所指向的主要事实作一个简要的交代，然后在事实的基础上展开主体部分的表达。

例如，《关于进一步加强创业培训推进创业促就业工作的通知》（劳社部发〔2007〕330号）的开头如下：

创业培训是提高劳动者创业能力的重要手段，是推进创业促就业工作的重要内容。近年来，我部与国际劳工组织联合实施的“创办和改善你的企业”项目取得了显著成果。各地将创业培训与落实就业政策紧密结合，帮助和带动了一批创业者成功开办和经营企业，并产生了积极的就业倍增效应。在总结国际合作项目成功经验基础上，为贯彻落实劳动保障部“能力促创业计划”，进一步加强创业培训，打造中国SYB创业培训品牌，全面推进创业促就业工作，现就有关事项通知如下：

叙述式开头可以使读者对基本情况、主要事实有一个大致的了解。在此基础上理解公文下一步展开的内容就比较容易。

5.3.3 结尾：总结式

公文的尾语就是公文的结尾，是公文主体内容的自然延伸和归结。它在公文结构中，占有重要的地位，具有特殊的作用。选择公文尾语类型要与行文目的相一致，和行文机关的地位相适应。公文的结尾，一般不能用象征、隐喻、暗示的写作方法，而必须明确提出结论性的意见、请求或只表达完毕就结束。公文的结尾有总结式、强调式、号召式、规定式等。

总结式结尾，顾名思义，就是要总结全文，对前面阐述的基本内容进行归纳总结，再一次揭示主旨。通常用于通知、总结、调查报告、报告等公文中。

例如，《国务院办公厅关于加强普通高等学校毕业生就业工作的通知》（国办发〔2009〕3号）的结尾如下：

各地要加强对高校毕业生就业工作的组织领导，将高校毕业生就业纳入当地就业总体规划，统筹安排，确定目标任务，实行目标责任制，加强工作考核和督查……要大力开展高校毕业生就业工作的宣传，引导高校毕业生树立正确的就业观和成才观，形成全社会共同促进高校毕业生多渠道就业的良好舆论环境。各地要按照本通知要求，结合本地实际，制定切实有效的政策措施，创造性地开展工作，千方百计促进高校毕业生就业。

总结式结尾是对全文重点内容的总结，有提炼公文重点的作用，让读者一目了然公文重点，是公文写作中较为常见的结尾方式。

5.3.4　结尾：强调式、号召式与规定式

强调式

强调性结尾，顾名思义，就是对全文的主旨进行再一次的强调说明，有时也要提出希望、要求，期望受文方重视并积极贯彻执行，通常用于指示、通知、会议纪要等公文中。

例如，关于印发《××公司工程建设管理办法》的通知中，结尾如下：

现将修订后的《××公司工程建设管理办法》印发给你们，请认真贯彻执行。

号召式

号召式结尾，顾名思义，就是在结尾处提出希望、号召，意在对受文方起到鼓舞激发斗志的作用，通常用于指示、决定、决议、指示性通知、表彰性通报、总结等公文中。

例如，《国务院关于印发国家职业教育改革实施方案的通知》（国发〔2019〕4号）的结尾如下：

各成员单位要加强沟通协调，做好相关政策配套衔接，在国家和区域战略规划、重大项目安排、经费投入、企业办学、人力资源开发等方面形成政策合力。推动落实《中华人民共和国职业教育法》，为职业教育改革创新提供重要的制度保障。

规定式

规定式结尾，就是在结尾处，采用一些规定性的尾语。例如，在承转性报告中，结尾采用“以上报告，如无不当，请批转执行”。在请求批准的请示中，结尾采用“妥否，请批示”。在通知和指示中，结尾采用“希遵照执行”，在回复函中，结尾采用“特此函复”等。

除了以上四种结尾，还有常用的结尾是说明性尾语，就是作出交代说明。例如：

“本通告自公布之日起生效。”

“凡与本指示的规定内容不一致的，今后以本指示内容为准。”

“以上内容仅用于征求意见，不能作为执行的依据。在没有正式通知之前，必须按现行有关规定办理。”

当然，也有些公文到最后是自然结尾，即公文内容表达完毕，也就结尾了，通常运用在命令、任免通知、公告、批复、决定等公文中。

5.4 提升写作能力的途径

5.4.1 刻意积累

公文写作，虽说是应用文的写作，把握了公文的写作结构，就基本掌握了写作的技巧。但是归根结底，公文写作依然是一种写作能力的体现，写作的基本要素之一——词句的运用是一定离不开积累的。积累是一个缓慢的过程，但是要想达到更好更快的效果，需要刻意积累。

在读书读报的时候，看到好的词句要记下来，对于一些思想观点的阐述方法也要记下来。学习是随处可见的，对于写作者来说，一定是本不离身。听到什么，看到什么也要记下来。回去以后再对这些好词好句新颖思想观点进行整理消化。

注重知识学习、积累和勤练笔、多实践。一方面要加强对公文处理专业技能的掌握，系统学习应用这写作知识，提升公文写作水平。另一方面自觉地涉猎如语言学、文字学、逻辑学、历史学、哲学等领域的知识，增强文化底蕴，提升综合素质。同时，要养成“本不离身，笔不离手，多听多写”的良好工作习惯，加强文字功底的积累和思想观点的积累。

5.4.2　实践助推

公文不是为了写作而写作，而是为了解决实际问题的。要解决问题就必须切合实际，懂得必要的实践知识。可通过调查研究、接近领导和参加会议的机会以及向他人请教等方式获取实践知识来开阔眼界，增长才干。公文写作没有定则，也没有捷径，但写作的规律是可以探求的。任何人只要对公文写作有浓厚的兴趣，坚持不懈地勤学苦练，定会在公文写作方面有所进步和提高，真正提升公文写作能力，成为名副其实的“笔杆子”。

进入哪个行业，写公文的主要内容就一定是围绕那个行业的工作。职场新人的你很可能面临两种局面：一是你进入与自己专业相关的行业，写公文的内容围绕自己一直以来研究和熟悉的领域，所以在涉及专业相关知识方面，你熟悉而且容易上手；二是你进入自己完全陌生的领域开始写公文，那么在写作过程中一定离不开行业知识的学习，公文写作者需要了解行业知识吗？答案是肯定的。例如，在高校里，要知道教育理念等关于教育的知识，在金融行业，必须要知道投资收益比等基本的金融知识；在行政部门，要知道国家、区域的宏观政策、法律法规等信息；在企业里，也要知道企业生产经营的理念、相关技术动态以及内部生产、销售、安全、技术、管理、财务等一系列要素知识，只有把这些都掌握了，你才能够对你所在的单位形成全面的了解，写起材料来才能得心应手。当然，这个了解和掌握知识的过程是缓慢持续的。

我在大学和研究生期间学习的都是管理学方面的知识，一进入职场就进驻电力项目做文秘，对于生产建设等方面的内容完全不懂，每次开会讨论的是桩基长度、安装调试技术等术语，我只能做的是疯狂用笔记录领导说的每一句话，会后反复听会议录音，遇到不懂的名词术语就百度搜索或者打电话询问技术部门人员，慢慢地，我从一开始的一窍不通到能够轻松听懂会议上关于专业问题讨论。

当然，并不是要职场新人全心投入，去钻研精通行业知识，而是必须要从掌握行业的基本知识做起，慢慢地进入行业状态，不懂就要去问。

5.4.3 模仿借鉴

初学写公文，当然离不开模仿和借鉴。因为公文的种类是规定的，每种公文又有其固定的格式，只要我们熟练掌握了各类公文的写作模式，再经过反复练习，轻松拟文也是不在话下的。

当然，要掌握公文的写作模式，首先要做的是搜集上级部门下发的各类文件、上级领导的讲话、刊物上公开发表的一些行业内好文章等，整理成册，精心研读，分析其谋篇布局、逻辑结构、语言风格等，然后加以模仿，需要注意的是，对于涉及的具体事例，一定要结合自己所在单位的情况，不能照抄照搬。

怎么模仿？一般模仿有以下三种方法。

一是利用固定格式进行内容填充。对于一些每年、每季度、每月都要写的常规公文，只要拥有了一份格式模板，按照本单位的业务范围填上即可以使用。例如，每年在“七一”前都要拟表彰优秀共产党员、优秀党支部及优秀党务工作者的表彰性通报，内容不变，我们只需要改了时间和表彰人员名单，就可以用了。再如，写会议通知，只要在何名称、何议题、在何时、何地召开、何人参加、应做哪些准备，何机关、何时发出通知等位置上填上相应的内容，就制作完毕了。

二是找出要写的同类公文进行同步临摹。在写公文时，可以把上级或者同级的同类公文找出来，从头到尾分析这些公文的开头、主体、结尾，思考它们的排版结构、语言运用及写作思路，然后，针对自己当前要写的公文的要求，结合自己单位的实际情况，对指导思想、篇章结构等进行局部修改替换，并且参照可行的逻辑结构进行谋篇布局。

三是寻找固定的政策理论提法进行套用。因为在写一些请示、报告类的公文时，必然要交代某些工作的政策背景，就一定会引入当前的重要政策和理论，通常在一个时期内，很多重要政策提法是相对稳定的，所以，必须要学习政策方针在该行业的解读，而这些解读内容通常在上级单位下发的通知文件、领导讲话等内容中可以看到，我们只需要整理、学习并照搬套用即可。

以上的模仿方法仅仅是简单的模仿而已，真正的提升一定是在模仿的基础上加入自己的思考，在公文写作的过程中要增添创造性。怎么实现创造性的拟文？一是充分理解此次公文写作的意图是什么，来安排好结构。二是搜集并添加能够服务此次公文写作目的的、真实有用典型的材料。三是梳理搜集到的材料，提炼出可靠的观点，并用自己的言语能将观点表达出来，而且观点必须是创新的、逻辑通顺的。

以上这些，都离不开思考，有了思考，才能通悟性，悟性通了，才能有创新、有提升。

5.4.4　勤于练习

众所周知，量变形成质变，在一本叫《异类》的书里，作者提出10000小时理论，即经过10000小时的反复练习某一项具体技能后，就能够成为此领域的专家。练习要掌握两点：一是坚持，二是反馈，没有反馈的练习只是机械地重复而已，并不能让我们进步，只有获得反馈，才能了解到自己的弱项和软肋，从而有针对性地练习和改善，从这个角度来说，不断练习的过程，也是一个不断突破自己瓶颈的过程。

要想写好公文，必须要有坚持不懈的练习。这里的练习，不光是多写，还包括多读，也就是重视积累。我们都知道“熟读唐诗三百首，不会作诗也会吟”的道理，能写得出文章，并且写出好文章，其原因一定是“肚子里有东西”。

积累，并不是闲时资料抛一边，需要时乱抓乱啃，而是广泛地读，日复一日地读，随时都在搜集对我们有启发的素材，不经意闯入眼帘的新闻报道、领导讲话稿、会议纪要、简报公报等，我们都可以看看，其中的某句话，很可能对写一些特定类型的公文是非常有帮助的。作为一个写作者，必须要保证足够多的阅读量，即要想“输出”，就必然要“输入”。

从领到工作任务后，直至初稿成型、修改完善、正式拟发，你必然要经历找资料、看资料，思考、运用的过程，这个过程随着一次公文任务的完成暂告一段落，但是每天的阅读、学习、思考、练笔是一个公文写作者需要持之以恒的。

5.4.5 积极沟通

现在有一个非常火的项目叫作“定制产品”，就是根据用户的需求来量身定制产品和服务，贴合度高，从而客户满意度也高。其实，写公文也何尝不是一种定制服务？那就是根据领导的要求，来拟制公文。制发公文其实是手段，而最终一定是要达成一定的目的。只有清楚明确了领导的目的，才能有的放矢，知道自己拟制公文的重点表达应该在哪里，容易事半功倍。

在我刚开始写公文的时候，见到很多同事给领导写材料三番五次被退回重改，原因就是没有把领导想要表达的内容写出来。相信很多职场新人都会有这样的困惑，那么我有两点体会要分享。

一是进领导办公室必带笔记本。我一进入职场的身份就是公文写作者，几天下来，我就开始刻意提醒自己，领导一旦让去办公室交代事情，就必须带笔记本，因为通常他一定是交代要起草什么材料，为什么要起草，发给谁，主要想说明什么情况。所以，带上笔记本，把他说的都记下来，基本上也就记下了整体思路，回去一整理，就很容易形成自己的写作框架。顺着这样的框架寻找材料，动笔拟写，基本也是贴合领导的心意的。

二是不明白一定要问。我所在的企业属于大型国企，中高层领导平均年龄在45岁左右，很多领导讲的普通话并不是很标准，有些用语甚至会用方言，在日常交流时，作为职场新人有很大可能不能完全明白领导说什么，导致在接收和记录信息的时候出现障碍，并不能完全明白领导的意思。所以这时候，你就一定要问明白，因为有时候几个甚至一个词语的语义理解不正确，语义色彩甚至会颠倒，直接影响你对通篇公文的谋划和布局。

第6章　公文审核与办理

公文审核，就是对拟稿人拟制出来的公文初稿进行审查核定，也叫作核稿。公文在流转到领导审核签发之前，必须要经过审核这道程序。这项工作一般由拟稿部门负责人或综合部门的文秘负责人来担任。通常在审核的过程中，核稿人员既要对公文的文字、格式进行审查，也要对公文的内容是否符合党和国家的法律、法规、政策、方针，上级单位的规定等进行把关，还要及时与领导沟通确保公文的内容呈现与发文的意图宗旨是一致的，实现公文服务于管理的宗旨。

所以说，公文的审核是一项细致而严谨的工作。实际工作中，经常会遇到公文的审核者对公文稿件中涉及的具体工作并不熟知的情况，所以，审核者要想做到对内容、格式等各方面的严格把关，就需以积极负责的态度，乐于学习的精神，厚积薄发的知识储备来做好核稿工作，杜绝印发不合规、不规范的文件。

公文审核的要求是：全面审核，认真负责，仔细推敲，反对粗枝大叶，反对官僚主义，努力使文稿准确、全面、完整。

6.1　公文审核内容

《党政机关公文处理工作条例》的公文审核中提出：“公文审核的重点是：（一）行文理由是否充分，行文依据是否准确。（二）内容是否符合党的理论路线方针政策和国家法律法规；是否完整准确体现发文机关意图；是否同现行有关公文相衔接；所提政策措施和办法是否切实可行。（三）涉及有关地区或者部门职权范围内的事项是否经过充分协商并达成一致意见。（四）文种是否正确，格式是否规范；人名、地名、时间、数字、段落顺序、引文等是否准确；文字、数字、计量单位和标点符号等用法是否规范。（五）其他内容是否符合公文起草的有关要求。”

6.1.1 是否符合行文规则

重点审核是否确实需要行文、行文名义是否得当，也就是发文的理由充分、依据可靠。为解决“文山会海”现象，就需要把可发可不发及可用其他方式解决的文件压下来，而不是只要看到行文就发。

6.1.2 是否符合法律政策

重点审核是否符合党的方针、政策和国家法律、法规及上级文件精神，具体如下：

第一，公文所反映的基本立场、观点，所提出的意见、措施、办法和要求，以及所得出的结论，是否符合党和国家的有关方针、政策、法律、法规、规章以及上级的指示、决议，同现行有关规定有无矛盾之处。

第二，对于因情况改变而必须对原来的政策作出变更，或提出新的政策规定的情况，应与有关部门协商并就其必要性、可行性作出文字说明，同时在表述上注意前后之间的衔接，并要求有关部门附上原有政策规定的文件材料，供审签领导把关。

第三，公文内容是否存在政策界限不清，或把政策界限规定得过死、过宽的情况，有无党政不分、内外不分的问题。

第四，观点、提法是否正确，提出的意见、办法和措施是否符合实际。

第五，得出的结论是否恰当，理由是否充足，提出的要求和措施的依据是否充分，受文方是否具备执行的条件，措施是否可以落实，要求完成的期限是否可行。结论中涉及其他部门的部分，是否经过充分的研究商讨，是否达成一致意见等。

6.1.3　内容是否完整可行

重点审核所涉及事项是否由收文单位办理，有关附件及材料等要件是否齐全，文件提出的政策界限、措施和要求等是否明确具体、切实可行。对含混不清、模棱两可的说法，要进一步与拟文单位进行研究修改。

6.1.4　语言是否准确严谨

重点审核以下几个方面：

（1）语言表达。

语言准确、简练，即用尽可能少的语言准确表达意图，如实反映情况，观点明确，事实清楚。

语言上还需要做到明白。写公文的目的，就是用来向下级传达党和国家的法律法规、政策措施，向上级请示，给下级答复，指导、布置工作，与别处往来商洽、交流经验等，所以，必须要让受文方能够清楚明白。为此，公文在表述上需要直抒其意，使人明白易懂。

需要注意的是，有时候为了力求语言的简洁，将文字删减到无法再减，甚至会影响意思的表达，这又违背了公文的基本准则。所以在简洁和明白之间，不需要力求一个字也不多，只需在表达清楚的基础上，做到简短不啰嗦就可以了。

（2）篇章结构。

纵观整篇文章，一定要是层次清晰、条理清楚、重点突出的，才是一篇合格的公文。

审核时，意思重复的、对于内容不构成支持的段落，果断删掉。材料支撑不够的，需要重新进行材料搜集补充。从全篇来看，注意内容和形式的统一，切忌头重脚轻。

（3）逻辑。

要求概念准确、判断恰当、推理严密、合乎逻辑。

（4）语法修辞。

用词表达要避免歧义，无错别字、生僻字，无错用数码、标点符号，无滥用省略和简称。

6.1.5 格式是否统一规范

重点审核格式是否标准规范，是否存在越级行文、请示中一文多事、报告中夹带请示事项、“请示报告”连用、未经许可直接向上级机关负责人报送公文等情况。每篇文稿都要从标题、发送范围、正文、附件到成文日期和落款，进行严格细致的审核，只有这样，才能做到不规范文件不出手。依据是《国家行政机关公文处理办法》确定的原则规范文稿的体例格式。

6.2 公文的办理

日常对公文的处理，通常涉及两项内容：发文和收文。发文，是因工作需要，各单位通过规定的流程签发公文，并将公文发送到受文单位的过程。收文，是接受对方单位发来的公文，并对公文进行处理的过程。公文的发文和收文，一般是文书负责的。文书，是指从事公文处理工作岗位的人员。

6.2.1 公文的发文流程

公文的发文流程一般包括以下7个步骤：拟写、审稿、核稿、会签、签发、发文、归档。

拟写

拟制公文的人，也叫作拟稿人。拟稿人可以是一个人，也可以是几个人。拟稿人拟写公文初稿的过程中，要做到语言通顺、结构合理、内容正确，拟好

草稿后在发文单上签名。

审稿

审稿人通常是拟稿部门的负责人。审稿的内容通常是全方位的，包括公文内容是否将主要意图表达明确，内容是否完整可行，段落结构是否层次分明，语气表达是否得当等，对于审稿人提出的意见，拟稿人再做进一步修改，直到审稿人认定合格。

核稿

核稿通常是由综合管理部（综合办公室）的负责人来完成的，同样，核稿人也须按照公文审核的要求和原则，对内容再一次进行审核。审核业务内容是否准确体现领导意图，是否符合法律法规和政策规定，是否符合实际；是否具有可操作性，是否需要进一步组织有关部门研究和协商会签。公文用词是否恰当，表述是否准确，语句是否精炼，段落结构是否合理。协调公文间的关系，内容是否正确，是否必须发文；签发程序和公文格式是否正确，行文关系和发送范围是否恰当，密级和紧急程度标注是否准确等。

遇到各种不规范问题的稿件，仍要指明问题，提出修改意见，退回拟文部门要求其进行修改完善。

核稿是在领导签发前必须要经过的流程，没有经综合办公室审核的公文，是不能直接由领导签发的。

会签

根据综合办公室文秘负责人的批示：该公文需要各级哪些领导审批、签发。按顺序将公文发送至会签领导，审阅领导都要签署自己的意见、姓名和日期，不能只签姓名或者只签姓不签名，也不能画圈代签。

签发

待需要会签的领导都已审阅批示，公文再流转到签发领导这里，进行签发。通常签发领导是单位的主要负责人，对于会议纪要来说，谁主持会议谁负责签发。

发文

领导签发后的公文，一般就可以正常发文了。制发公文应当确有必要，注重效用，力戒照抄照转、内容空泛。要严格控制文件规格和发文数量，可发可不发的文件一律不发。

归档

归档，就是将已经办理完毕的公文进行整理、立卷保存的过程。案卷标题简明确切，便于保管和利用。

6.2.2 公文的收文流程

收文，就是接收别的单位发送至我单位的正式文件并对文件进行处理的过程。公文的收文流程一般包括：登记、拟办、请办、阅办、承办、催办、答复。

登记

登记，就是文书在收到公文后，要在第一时间贴上公文处理单，并标清楚来文标题、密级、发文字号、发文机关、份数、收文日期等内容。

拟办

拟办，就是文书填写完收文处理单后，将文件和收文处理单一起呈送综合办公室负责人阅示，并按照其提出的意见，呈报主管领导批示或转有关部门办理。

请办

请办，就是综合办公室根据领导批示，将需要办理的公文转有关部门办理。需要两个以上部门办理的，需指明主办部门。紧急公文，需明确办理时限。

阅办

阅办，就是综合办公室根据领导批示，将公文送有关领导阅示的过程。文书应当随时掌握公文传阅去向，避免漏传、误传和延误。机要文件传阅要当天送、当天收回，或阅文者在阅文室阅读。

承办

承办，就是根据领导指示，负责办理公文事项的部门处理事务的过程。承办部门必须根据领导批示、按照文件要求办理，对于涉及其他部门的事项，承办部门应当主动与有关部门协商办理。

催办

催办，就是综合办公室对公文的承办情况进行督促检查，对紧急或者重要公文应当及时催办，对一般公文应当定期催办，并随时或定期向主管领导汇报办理情况。对涉及其他部门职责的，主办部门要主动搞好协调，协办部门要积极配合。要严格落实督办制度，做到事事有回音、件件有着落，确保领导批示落到实处。

答复

答复，也就是反馈，公文的办理结果如何，受文方应当及时答复来文方，并根据需要告知相关单位。

最后，对于收文处理完毕的公文，也要归档立卷保存。

6.2.3　公文办理的注意事项

作为规范企业内部管理的重要环节，公文的收发需要严格遵循规定的流程，以确保有效地处理好公文，及时传递企业信息。但是，对于做好公文办理工作来说，仅仅执行好上述流程，是远远不够的，还需要注意以下几方面：

把握好处理时限

很多大型企业管理层级较多，公文处理时限相对滞后，一份公文按正常流程走，真正到达决策者那，可能需要至少2天，决策后再去执行，则需要更长的时间。所以，为提高效率，企业针对不同类型的公文，做出了不同的处理时限要求，如常规文件须走常规处理程序，原则上在3~5天内处理完毕，最长不超过7天；紧急公文，应走紧急处理程序，一般由综合办公室人员进行当面沟通或电话传达，以保证时效，尤其是涉及工作安排、会议通知等，则须由当面或电话沟通处理，及时提交意见。

办理前多沟通

多数工作处理的核心环节是沟通，公文处理亦如此。

一是各部门在接收到公文后、提出拟办意见前，应提前针对公文中所提的事项进行沟通，如采取电话、邮件及会议等方式，将公文中所提的事项进一步摸清，以提出有效、可执行的意见。

二是下级单位在向上级单位上报公文之前，尤其是打请示前，需要提前与上级领导、部门进行充分沟通，将请示事项的来龙去脉讲清楚，并征求上级领导的意见，根据领导的意见，再拟写上报请示，以提高办事效率。涉及别的部门提出意见的公文，同样需要提前与相关部门领导沟通，在公文正式印发前应发送到相关部门审核，取得一致意见后再上报。

三是涉及多个部门协作、需要时间研究解决方案的，主办部门一定要加强与协办部门、行文单位沟通。比如说印发关于某项工作的专题会议纪要，主办部门将纪要拟写完成后，需与协办部门沟通，将会议上讨论的方案及措施进行确认后，才能印发该会议纪要。

行文要规范

在很多大型企业中，下级企业上报公文时会出现很多问题，如公文语言条理不清晰，内容缺乏相关支撑资料，没有数据说明，请示事项理由与结论不挂钩等，严重影响了公文处理的进度和企业事务处理效率。所以，随着企业规模的不断壮大，也应逐步加强对公文处理工作的管理和规范。例如，规定上报公文时，需在文中明确依据、理由，需要何种支持以及支持的力度等，并提出可行的措施和方案，以征求批复意见。

如何将公文处理的规范真正落到实处，则需要不断地健全公文管理制度，让公文处理工作有章可循、有据可依，并通过加大对文秘的培训、考核，加强公文的审核，建立公文督办体系等措施，来加大对制度的贯彻执行力度，逐步建立和完善企业的公文管理体系。

附　录

党政机关公文处理工作条例

（中共中央办公厅　国务院办公厅中办发〔2012〕14号　2012年4月16日）

第一章　总　　则

第一条　为了适应中国共产党机关和国家行政机关（以下简称党政机关）工作需要，推进党政机关公文处理工作科学化、制度化、规范化，制定本条例。

第二条　本条例适用于各级党政机关公文处理工作。

第三条　党政机关公文是党政机关实施领导、履行职能、处理公务的具有特定效力和规范体式的文书，是传达贯彻党和国家的方针政策，公布法规和规章，指导、布置和商洽工作，请示和答复问题，报告、通报和交流情况等的重要工具。

第四条　公文处理工作是指公文拟制、办理、管理等一系列相互关联、衔接有序的工作。

第五条　公文处理工作应当坚持实事求是、准确规范、精简高效、安全保密的原则。

第六条　各级党政机关应当高度重视公文处理工作，加强组织领导，强化队伍建设，设立文秘部门或者由专人负责公文处理工作。

第七条　各级党政机关办公厅（室）主管本机关的公文处理工作，并对下级机关的公文处理工作进行业务指导和督促检查。

第二章　公文种类

第八条　公文种类主要有：

（一）决议。适用于会议讨论通过的重大决策事项。

（二）决定。适用于对重要事项作出决策和部署、奖惩有关单位和人员、变更或者撤销下级机关不适当的决定事项。

（三）命令（令）。适用于公布行政法规和规章、宣布施行重大强制性措施、批准授予和晋升衔级、嘉奖有关单位和人员。

（四）公报。适用于公布重要决定或者重大事项。

（五）公告。适用于向国内外宣布重要事项或者法定事项。

（六）通告。适用于在一定范围内公布应当遵守或者周知的事项。

（七）意见。适用于对重要问题提出见解和处理办法。

（八）通知。适用于发布、传达要求下级机关执行和有关单位周知或者执行的事项，批转、转发公文。

（九）通报。适用于表彰先进、批评错误、传达重要精神和告知重要情况。

（十）报告。适用于向上级机关汇报工作、反映情况，回复上级机关的询问。

（十一）请示。适用于向上级机关请求指示、批准。

（十二）批复。适用于答复下级机关请示事项。

（十三）议案。适用于各级人民政府按照法律程序向同级人民代表大会或者人民代表大会常务委员会提请审议事项。

（十四）函。适用于不相隶属机关之间商洽工作、询问和答复问题、请求批准和答复审批事项。

（十五）纪要。适用于记载会议主要情况和议定事项。

第三章　公文格式

第九条　公文一般由份号、密级和保密期限、紧急程度、发文机关标志、发文字号、签发人、标题、主送机关、正文、附件说明、发文机关署名、成文日期、印章、附注、附件、抄送机关、印发机关和印发日期、页码等组成。

（一）份号。公文印制份数的顺序号。涉密公文应当标注份号。

（二）密级和保密期限。公文的秘密等级和保密的期限。涉密公文应当根据涉密程度分别标注“绝密”“机密”“秘密”和保密期限。

（三）紧急程度。公文送达和办理的时限要求。根据紧急程度，紧急公文应当分别标注“特急”“加急”，电报应当分别标注“特提”“特急”“加急”“平急”。

（四）发文机关标志。由发文机关全称或者规范化简称加“文件”二字组成，也可以使用发文机关全称或者规范化简称。联合行文时，发文机关标志可以并用联合发文机关名称，也可以单独用主办机关名称。

（五）发文字号。由发文机关代字、年份、发文顺序号组成。联合行文时，使用主办机关的发文字号。

（六）签发人。上行文应当标注签发人姓名。

（七）标题。由发文机关名称、事由和文种组成。

（八）主送机关。公文的主要受理机关，应当使用机关全称、规范化简称或者同类型机关统称。

（九）正文。公文的主体，用来表述公文的内容。

（十）附件说明。公文附件的顺序号和名称。

（十一）发文机关署名。署发文机关全称或者规范化简称。

（十二）成文日期。署会议通过或者发文机关负责人签发的日期。联合行文时，署最后签发机关负责人签发的日期。

（十三）印章。公文中有发文机关署名的，应当加盖发文机关印章，并与署名机关相符。有特定发文机关标志的普发性公文和电报可以不加盖印章。

（十四）附注。公文印发传达范围等需要说明的事项。

（十五）附件。公文正文的说明、补充或者参考资料。

（十六）抄送机关。除主送机关外需要执行或者知晓公文内容的其他机关，应当使用机关全称、规范化简称或者同类型机关统称。

（十七）印发机关和印发日期。公文的送印机关和送印日期。

（十八）页码。公文页数顺序号。

第十条　公文的版式按照《党政机关公文格式》国家标准执行。

第十一条　公文使用的汉字、数字、外文字符、计量单位和标点符号等，按照有关国家标准和规定执行。民族自治地方的公文，可以并用汉字和当地通用的少数民族文字。

第十二条　公文用纸幅面采用国际标准A4型。特殊形式的公文用纸幅面，根据实际需要确定。

第四章　行文规则

第十三条　行文应当确有必要，讲求实效，注重针对性和可操作性。

第十四条　行文关系根据隶属关系和职权范围确定。一般不得越级行文，特殊情况需要越级行文的，应当同时抄送被越过的机关。

第十五条　向上级机关行文，应当遵循以下规则：

（一）原则上主送一个上级机关，根据需要同时抄送相关上级机关和同级机关，不抄送下级机关。

（二）党委、政府的部门向上级主管部门请示、报告重大事项，应当经本级党委、政府同意或者授权；属于部门职权范围内的事项应当直接报送上级主管部门。

（三）下级机关的请示事项，如需以本机关名义向上级机关请示，应当提出倾向性意见后上报，不得原文转报上级机关。

（四）请示应当一文一事。不得在报告等非请示性公文中夹带请示事项。

（五）除上级机关负责人直接交办事项外，不得以本机关名义向上级机关负责人报送公文，不得以本机关负责人名义向上级机关报送公文。

（六）受双重领导的机关向一个上级机关行文，必要时抄送另一个上级机关。

第十六条　向下级机关行文，应当遵循以下规则：

（一）主送受理机关，根据需要抄送相关机关。重要行文应当同时抄送发文机关的直接上级机关。

（二）党委、政府的办公厅（室）根据本级党委、政府授权，可以向下级党委、政府行文，其他部门和单位不得向下级党委、政府发布指令性公文或者在公文中向下级党委、政府提出指令性要求。需经政府审批的具体事项，经政府同意后可以由政府职能部门行文，文中须注明已经政府同意。

（三）党委、政府的部门在各自职权范围内可以向下级党委、政府的相关部门行文。

（四）涉及多个部门职权范围内的事务，部门之间未协商一致的，不得向下行文；擅自行文的，上级机关应当责令其纠正或者撤销。

（五）上级机关向受双重领导的下级机关行文，必要时抄送该下级机关的另一个上级机关。

第十七条　同级党政机关、党政机关与其他同级机关必要时可以联合行文。属于党委、政府各自职权范围内的工作，不得联合行文。

党委、政府的部门依据职权可以相互行文。

部门内设机构除办公厅（室）外不得对外正式行文。

第五章　公文拟制

第十八条　公文拟制包括公文的起草、审核、签发等程序。

第十九条　公文起草应当做到：

（一）符合党的理论路线方针政策和国家法律法规，完整准确体现发文机关意图，并同现行有关公文相衔接。

（二）一切从实际出发，分析问题实事求是，所提政策措施和办法切实可行。

（三）内容简洁，主题突出，观点鲜明，结构严谨，表述准确，文字精练。

（四）文种正确，格式规范。

（五）深入调查研究，充分进行论证，广泛听取意见。

（六）公文涉及其他地区或者部门职权范围内的事项，起草单位必须征求相关地区或者部门意见，力求达成一致。

（七）机关负责人应当主持、指导重要公文起草工作。

第二十条　公文文稿签发前，应当由发文机关办公厅（室）进行审核。审核的重点是：

（一）行文理由是否充分，行文依据是否准确。

（二）内容是否符合党的理论路线方针政策和国家法律法规；是否完整准确体现发文机关意图；是否同现行有关公文相衔接；所提政策措施和办法是否切实可行。

（三）涉及有关地区或者部门职权范围内的事项是否经过充分协商并达成一致意见。

（四）文种是否正确，格式是否规范；人名、地名、时间、数字、段落顺序、引文等是否准确；文字、数字、计量单位和标点符号等用法是否规范。

（五）其他内容是否符合公文起草的有关要求。

需要发文机关审议的重要公文文稿，审议前由发文机关办公厅（室）进行初核。

第二十一条　经审核不宜发文的公文文稿，应当退回起草单位并说明理由；符合发文条件但内容需作进一步研究和修改的，由起草单位修改后重新报送。

第二十二条　公文应当经本机关负责人审批签发。重要公文和上行文由机关主要负责人签发。党委、政府的办公厅（室）根据党委、政府授权制发的公文，由受权机关主要负责人签发或者按照有关规定签发。签发人签发公文，应当签署意见、姓名和完整日期；圈阅或者签名的，视为同意。联合发文由所有联署机关的负责人会签。

第六章　公文办理

第二十三条　公文办理包括收文办理、发文办理和整理归档。

第二十四条　收文办理主要程序是：

（一）签收。对收到的公文应当逐件清点，核对无误后签字或者盖章，并注明签收时间。

（二）登记。对公文的主要信息和办理情况应当详细记载。

（三）初审。对收到的公文应当进行初审。初审的重点是：是否应当由本机关办理，是否符合行文规则，文种、格式是否符合要求，涉及其他地区或者部门职权范围内的事项是否已经协商、会签，是否符合公文起草的其他要求。经初审不符合规定的公文，应当及时退回来文单位并说明理由。

（四）承办。阅知性公文应当根据公文内容、要求和工作需要确定范围后分送。批办性公文应当提出拟办意见报本机关负责人批示或者转有关部门办理；需要两个以上部门办理的，应当明确主办部门。紧急公文应当明确办理时限。承办部门对交办的公文应当及时办理，有明确办理时限要求的应当在规定时限内办理完毕。

（五）传阅。根据领导批示和工作需要将公文及时送传阅对象阅知或者批示。办理公文传阅应当随时掌握公文去向，不得漏传、误传、延误。

（六）催办。及时了解掌握公文的办理进展情况，督促承办部门按期办结。紧急公文或者重要公文应当由专人负责催办。

（七）答复。公文的办理结果应当及时答复来文单位，并根据需要告知相关单位。

第二十五条　发文办理主要程序是：

（一）复核。已经发文机关负责人签批的公文，印发前应当对公文的审批手续、内容、文种、格式等进行复核；需作实质性修改的，应当报原签批人复审。

（二）登记。对复核后的公文，应当确定发文字号、分送范围和印制份数并详细记载。

（三）印制。公文印制必须确保质量和时效。涉密公文应当在符合保密要求的场所印制。

（四）核发。公文印制完毕，应当对公文的文字、格式和印刷质量进行检查后分发。

第二十六条　涉密公文应当通过机要交通、邮政机要通信、城市机要文件交换站或者收发件机关机要收发人员进行传递，通过密码电报或者符合国家保密规定的计算机信息系统进行传输。

第二十七条　需要归档的公文及有关材料，应当根据有关档案法律法规以及机关档案管理规定，及时收集齐全、整理归档。两个以上机关联合办理的公文，原件由主办机关归档，相关机关保存复制件。机关负责人兼任其他机关职务的，在履行所兼职务过程中形成的公文，由其兼职机关归档。

第七章　公文管理

第二十八条　各级党政机关应当建立健全本机关公文管理制度，确保管理严格规范，充分发挥公文效用。

第二十九条　党政机关公文由文秘部门或者专人统一管理。设立党委（党组）的县级以上单位应当建立机要保密室和机要阅文室，并按照有关保密规定配备工作人员和必要的安全保密设施设备。

第三十条　公文确定密级前，应当按照拟定的密级先行采取保密措施。确定密级后，应当按照所定密级严格管理。绝密级公文应当由专人管理。

公文的密级需要变更或者解除的，由原确定密级的机关或者其上级机关决定。

第三十一条　公文的印发传达范围应当按照发文机关的要求执行；需要变更的，应当经发文机关批准。

涉密公文公开发布前应当履行解密程序。公开发布的时间、形式和渠道，由发文机关确定。

经批准公开发布的公文，同发文机关正式印发的公文具有同等效力。

第三十二条　复制、汇编机密级、秘密级公文，应当符合有关规定并经本机关负责人批准。绝密级公文一般不得复制、汇编，确有工作需要的，应当经发文机关或者其上级机关批准。复制、汇编的公文视同原件管理。

复制件应当加盖复制机关戳记。翻印件应当注明翻印的机关名称、日期。汇编本的密级按照编入公文的最高密级标注。

第三十三条　公文的撤销和废止，由发文机关、上级机关或者权力机关根据职权范围和有关法律法规决定。公文被撤销的，视为自始无效；公文被废止的，视为自废止之日起失效。

第三十四条　涉密公文应当按照发文机关的要求和有关规定进行清退或者销毁。

第三十五条　不具备归档和保存价值的公文，经批准后可以销毁。销毁涉密公文必须严格按照有关规定履行审批登记手续，确保不丢失、不漏销。个人不得私自销毁、留存涉密公文。

第三十六条　机关合并时，全部公文应当随之合并管理；机关撤销时，需要归档的公文经整理后按照有关规定移交档案管理部门。

工作人员离岗离职时，所在机关应当督促其将暂存、借用的公文按照有关规定移交、清退。

第三十七条　新设立的机关应当向本级党委、政府的办公厅（室）提出发文立户申请。经审查符合条件的，列为发文单位，机关合并或者撤销时，相应进行调整。

第八章　附　　则

第三十八条　党政机关公文含电子公文。电子公文处理工作的具体办法另行制定。

第三十九条　法规、规章方面的公文，依照有关规定处理。外事方面的公文，依照外事主管部门的有关规定处理。

第四十条　其他机关和单位的公文处理工作，可以参照本条例执行。

第四十一条　本条例由中共中央办公厅、国务院办公厅负责解释。

第四十二条　本条例自2012年7月1日起施行。1996年5月3日中共中央办公厅发布的《中国共产党机关公文处理条例》和2000年8月24日国务院发布的《国家行政机关公文处理办法》停止执行。